UNA VEZ SALVO, ¿SIEMPRE SALVO?

*Un estudio sobre la perseverancia
y la herencia*

Prólogo de Roger Forster

DAVID PAWSON

Traducido por Alejandro Field
Revisado por María Alejandra Ayanegui Alcérreca

Esta traducción internacional español se publica por primera vez
en Gran Bretaña en 2014 por
Anchor Recordings Ltd
72 The Street, Kennington, Ashford TN24 9HS

ISBN: 978 1 9098860 7 0

Índice

Prólogo   5

Introducción   11

1. Variantes principales   19
   La visión "Alfa"
   La versión "Omega"

2. Suposiciones evangélicas   25
   La salvación
   La fe
   El perdón
   La vida eterna
   El reino de Dios

3. Indicaciones bíblicas   45
   El Antiguo Testamento
   El Nuevo Testamento

4. Tradiciones históricas   105
   Agustín y Pelagio
   Lutero y Erasmo
   Calvino y Arminio
   Whitefield y Wesley

5. Objeciones teológicas   125
   ¿Deprecia la gracia?
   ¿Niega la predestinación?
   ¿Degrada la conversión?
   ¿Destruye la seguridad?
   ¿Exige obras?

6. Contradicciones fundamentales **149**
Una perspectiva demasiado baja del hombre
Una perspectiva demasiado elevada de Dios

7. Consecuencias prácticas **165**
Perder nuestra herencia
Mantener nuestra herencia

8. Consideraciones sobrenaturales **171**
La voluntad del Padre
La vida del Hijo
El poder del Espíritu
El amor de los hermanos
La debilidad del diablo

Epílogo 181
Apéndices: I Textos provocadores 183
            II Un apóstol apóstata 193

PRÓLOGO

Ciertamente es una señal de favor inmerecido, generalmente denominado gracia, que David Pawson haya tenido la gentileza de pedirme que escriba el Prólogo de su libro. Hago este elogio a David porque es bien sabido en ciertos círculos que en algunas áreas teológicas hemos tendido a discrepar en nuestras conclusiones. No significa esto que no me haya beneficiado y que no haya disfrutado del arduo trabajo que cada uno de nosotros ha invertido en esas diferentes posturas. Sin embargo, ésta no es toda la verdad, afortunadamente (y por cierto es afortunado que ninguno de nosotros pretenda poseerla tampoco). En una oportunidad, estando ambos en una conferencia de líderes, la mayoría de los participantes discrepaban o no estaban familiarizados con una cuestión escatológica que David había presentado, con la excepción notable de mi persona. Nuestra concordancia despertó varios murmullos de incredulidad, a los que David replicó: *"¿Ven? Ustedes piensan que discrepamos en todo. Coincidimos en el noventa por ciento"*. Esto es cierto, y me alegro que, con relación al *kerygma*, o la proclamación de la encarnación, el ministerio, la crucifixión, la resurrección, la ascensión, los dones del Espíritu y la segunda venida, estamos codo a codo, con el deseo mutuo de ver que el mundo sea evangelizado y que Jesús vuelva, por más que, de tanto en tanto, no coincidamos en cada tema. Tal vez cuando veamos cara a cara a nuestro Señor nuestras miradas se crucen, no para decir: "Te lo dije", sino para compartir como verdaderos adoradores nuestra mutua admiración por nuestro Salvador, y para alentarnos el uno al otro a una mayor devoción a su servicio eterno. Siempre y cuando, por supuesto, los que estén al fondo, como yo, puedan ver a los que están bien adelante.

En este libro se hace referencia a ciertas posturas, interpretaciones y énfasis que yo hubiera escrito de otra forma. Por ejemplo, quisiera elogiar la visión y el valor de

Spring Harvest, y honrar la contribución que ha hecho a la iglesia de Gran Bretaña y de otros lugares. La experiencia de David que se relata en estas páginas es ciertamente dolorosa pero no usual. Además, yo haría más hincapié en el hecho de "perder el premio" antes que perder la vida eterna misma. Sin embargo, quiero dejar en claro que respecto de la tesis general —es decir, la posibilidad de que los salvos se pierdan, la importancia de la responsabilidad humana y la necesidad de liberar al pensamiento evangélico actual de los cinco puntos del calvinismo— me siento privilegiado en unir mi nombre al de David y contribuir al llamado de clarín para que la iglesia se levante y tome en serio la santidad, la obediencia y el discipulado.

Al comienzo de este libro usted leerá acerca de un suceso en el cual ambos participamos. David había predicado sobre Filipenses 3, con un gran énfasis en la necesidad de alcanzar la "ex-resurrección" de entre los muertos. De acuerdo con el fuerte ruego del libro, necesitamos buscar *"la santidad, sin la cual nadie verá al Señor"* (Heb 12:14). Como consecuencia, muchos se sintieron inseguros con relación a su posición ante Dios por este énfasis en la santidad. Los líderes de la reunión, cuando percibieron la inseguridad que estaban sintiendo los demás con relación a la seguridad de la salvación, respondieron de una forma muy poco apropiada. Casualmente, mi hermano estaba entre el público. Él me había dado, cuarenta años atrás, una Biblia de margen amplio (la Versión Autorizada, por supuesto, en esos días lejanos). Como la tenía conmigo, aproveché la oportunidad no solo para dirigir a la congregación a la palabra y al desafío que habían sido predicados, sino para agregar que en esta Biblia mía yo había escrito el mensaje de Filipenses 3 de manera abreviada: *"y pueda ser encontrado en él, no teniendo una justicia propia derivada de la ley, sino la que viene por la fe en Cristo, la justicia que viene de Dios basada en la fe, para que pueda conocerlo, el poder de su resurrección, la comunión de sus sufrimientos, siendo hecho como él en su muerte, si por algún*

*medio pudiera lograr la ex-resurrección de los muertos . . .
para que pueda lograr el premio".* Agregué que, a lo largo
de los años, esto había sido para mí un estímulo continuo a la
santidad, y que por la gracia de Dios todavía estaba, cuarenta
años después, empeñado en caminar por la senda angosta del
discipulado, con la esperanza de agradarle y verlo un día cara
a cara. El temor de no *"encontrarme unido a él"* (v. 9) o de no
"ganar el premio" (v. 14) no había afectado de manera alguna
mi disfrute de su gracia, ni me había llevado a alguna supuesta
confianza en un evangelio de buenas obras, que no es ningún
evangelio.

Hay mucho en el libro de David que quisiera elogiar
sin reparos y sin aparecer como presuntuoso. Primero, en
lo teológico, con relación a las posturas aparentemente
encontradas de los calvinistas y arminianos respecto del
concepto de "una vez salvo, siempre salvo". Se observa que
estos puntos de vista son mucho más cercanos en lo que afirman
que lo que se suele pensar. No voy a anticipar el argumento;
usted deberá seguir leyendo. Fue algo que encontré muy útil, y
espero que mantenga juntos a quienes temen ser separados aún
más por este libro. Segundo, este libro es un mensaje para hoy.
En una era en que el estilo de vida, la santidad y la obediencia a
Dios en nuestras iglesias parece imposible de distinguir de los
que no tienen ninguna lealtad a Cristo, necesitamos este tipo
de revaluación. La laxitud de la moral y la ética, y el descuido
de las buenas obras a las que somos exhortados, requiere una
revisión completa de lo que enseñamos y ejemplificamos a los
creyentes. ¿Es nuestro evangelio en realidad un pasaje gratis
al cielo, o es el llamado a ser conformados a la imagen del Hijo
de Dios? ¿Acaso no podemos decir, como el apóstol Pablo, en
la misma carta, y por lo tanto a las mismas personas: *"por
gracia ustedes han sido salvados mediante la fe"* (Ef 2:8), y
también agregar: *"nadie que sea avaro (es decir, idólatra),
inmoral o impuro tendrá herencia en el reino de Cristo y de
Dios. Que nadie los engañe con argumentaciones vanas"* (Ef
5:5-6), sin ser acusados de predicar la salvación por obras?

7

¿O se nos prohíbe, a diferencia de Pablo, advertir a creyentes a los *"no les falta ningún don espiritual"* (1Co 1:7) pero que también habían sido *lavados y santificados de la fornicación, la idolatría, el adulterio, la sodomía, la perversión sexual, el robo, la avaricia, la ebriedad, la calumnia y la estafa,* que todavía existía la posibilidad de que fueran engañados al dar por sentada la gracia de Dios si volvían a esas cosas (1Co 6:9-11)? Si estos enfoques, ejemplificados por el apóstol y que aparecen en las escrituras del Nuevo Testamento con relación a la vida y la disciplina de la iglesia primitiva, no son admisibles en "nuestro evangelio", es necesario evaluar seriamente nuestro mensaje. Tal vez, si puedo hacer una sugerencia humilde, ¡muchos de nosotros deberíamos hacerlo!

Necesitamos reconsiderar la posibilidad de perder la salvación, la necesidad de esforzarse para alcanzar el premio y la responsabilidad que las personas hechas a la imagen de Dios tienen —una responsabilidad hasta sobrecogedora y temible— por sus decisiones y acciones. ¿Acaso no es tiempo de tener la valentía suficiente como para eliminar la filosofía griega de nuestras interpretaciones teológicas y colocar la omnisciencia, la omnipresencia, la impasibilidad, la inmutabilidad y la relación entre el tiempo y la eternidad bajo el escrutinio de las escrituras? El libro de David nos ayudará a hacer esto. Tal vez usted no esté de acuerdo con todas sus observaciones. Hay algunas que yo objetaría, pero me alegro que estén ahí, y éstas deben ser una razón adicional para leer esta obra cuidadosamente y en oración.

Por encima de todas las áreas de revelación bíblica que caen bajo el escrutinio de David —desde el concepto de la "justificación" y si podemos ser "desjustificados" hasta la "vida eterna" y "¿cuán eterna es?"—, el área de pleno acuerdo para aquellos de nosotros que adoptamos una posición similar respecto del "temor del Señor" y de tomar en serio la santidad, es que nos centremos en el amor de Dios. David nos lleva a través de este libro a focalizarnos en última instancia en el amor de Dios. Porque Dios es amor, escribí en unos de mis libros, tiene que haber un infierno. Hay un veredicto sobre nuestras obras: *"Porque es necesario que todos comparezcamos ante el tribunal de Cristo, para que cada uno reciba lo que le corresponda, según lo bueno o malo que haya hecho mientras vivió en el cuerpo"* (2Co 5:10) y *"una terrible expectativa de juicio"* (Heb 10:27) dado que, al final, a quienes dicen "sea hecha mi voluntad" en vez de "sea hecha tu voluntad" el Señor deberá responder, aunque con tristeza: "Entonces, sea hecha tu voluntad". Eso es terrible y temible, y una condena horrible a la cual ser entregados, consignados a todo lo que Dios no es: egoísmo, orgullo, lujuria, arrogancia, odio, malicia, lo contrario a la persona y a las obras amorosas de Dios, según se vieron en Jesús. El destierro de la presencia del amor de Dios y de todo lo que él es, es el veredicto final ante nuestra propia elección. Si lo que él es no es lo que anhelo encontrar ahora, ¿por qué habría de quererlo en aquel día cuando me presente ante su juicio? Es el Dios que es amor y que no tiene más para ofrecer que a sí mismo, quien no violará nuestra voluntad. Es aquel que, si lo rechazamos y escogemos lo opuesto a su carácter y persona, tiene que decir: "El infierno es la única solución".

Nuevamente David y yo coincidimos en la visión de la supremacía del amor, que es Dios. ¿No es extraño, de paso, que ningún credo histórico de la iglesia haya aseverado como un aspecto fundamental de nuestra fe que Dios es amor y que el amor es básico y esencial en su carácter? Tal vez esto sea significativo cuando estamos intentando entender la doctrina de la perdición y la necesidad de la santidad, según el argumento anterior y que aparece a lo largo del libro que está por leer. La visión amorosa de Dios y nuestro llamado superior a resistir aparecen en otro aspecto que David y yo compartimos: nuestro amor por el Himnario Metodista. Lo verá citado en la última página de su obra. Permítame colocarlo en la primera también. Este himnario ha viajado por todo el mundo conmigo y lo uso en mis meditaciones hasta el día de hoy.

UNA VEZ SALVO, ¿SIEMPRE SALVO?

Un himno hermoso, que empieza así: *"Vamos, compañeros en la aflicción"* (palabras que dirijo a mis lectores, cuya aflicción ha sido incrementada sin duda por mi Prólogo; ¡cobren ánimo y sigan leyendo, porque el libro se pone mejor!), también contiene estas estrofas:

> *Si aquí sufrimos con nuestro maestro,*
> *Frente a él nos presentaremos,*
> *Sentados al lado de su persona;*
> *La fe paciente tiene el premio cabal,*
> *Y los que resistan hasta el final*
> *La cruz, llevarán la corona.*

Es a la fe paciente y a la resistencia completa que todo se promete, y ese "todo" está en las estrofas 6 y 7:

> *El Padre brillando en su trono,*
> *El coeterno Hijo glorioso,*
> *El Espíritu, uno y siete,*
> *Preparan juntos nuestro rapto;*
> *Y caemos entonces postrados,*
> *Y el silencio al cielo engrandece.*
>
> *Esperando esa extática quietud,*
> *Jesús sostenemos la Cruz,*
> *Postrados al pie de tu trono;*
> *Nuestra vida escondida reveles,*
> *Nuestros espíritus absortos llenes,*
> *Y Dios sea el todo en todo.*

C. Wesley

Roger Forster
Julio de 1996

INTRODUCCIÓN

Mientras estaba escribiendo este libro, tomé un tren a Londres para ver a mi editor. La última parada para levantar pasajeros era Clapham Junction. Un hombre subió al vagón en el otro extremo, se sentó, y después de mirarme fijamente durante unos minutos vino caminando por el pasillo y se sentó frente a mí. Según recuerdo, la conversación fue la siguiente:

—Creo que lo conozco. ¿Es usted un predicador?

—Sí. ¿Dónde puede haberme visto?

—Hace quince años, alguien me llevó a Guildford para escuchar a un predicador, y creo que era usted.

—Es casi seguro. ¿Es usted cristiano?

—Sí. [pausa] ¿Puedo preguntarle algo?

—No le garantizo una respuesta, pero ¿cuál es la pregunta?

—Bueno, es así. He dejado a mi esposa y ahora estoy viviendo con otra mujer.

—¿Por qué dejó a su esposa?

—Porque conocí a esta otra mujer y me enamoré de ella.

—Entonces, ¿qué quiere saber?

—Si me divorcio como corresponde y me caso con esta otra mujer, ¿estaría bien a los ojos de Dios?

—No. Me temo que no.

—Entonces, ¿qué sería lo correcto?

—Dejar a esta mujer y volver con su esposa.

—Pensé que diría eso.

—Creo que es lo que le diría Jesús si se lo preguntara.

Esto produjo un silencio entre nosotros. A esta altura, el tren estaba disminuyendo su velocidad al llegar a Waterloo, y me di cuenta de que tal vez tenía un minuto o dos más con él. Quería avivar ese temor del Señor que es el principio de la sabiduría, así que volví a abrir la conversación así:

—Usted tiene que hacer una elección difícil.

—¿Cuál es esa elección?

—Puede vivir con esta mujer durante el resto de su vida

o con Jesús durante toda la próxima, pero no puede hacer ambas cosas.

Sus ojos se llenaron de lágrimas, pero saltó a la plataforma y desapareció entre la multitud. Sentí algo de lo que tiene que haber sentido Jesús cuando el joven rico lo dejó. Oré para que nunca pudiera olvidar lo que le había dicho hasta que se hubiera arrepentido.

Pero, ¿estaba yo en lo correcto al decir lo que dije? ¿Estaba diciéndole la verdad o estaba tratando de asustarlo con una mentira? Lo que él realmente quería era una seguridad de que su pecado no afectaría su salvación. Era algo que yo no podía darle.

Este mismo tema había surgido un mes o dos antes, pero esta vez no con una persona sino con varios miles. Yo era el orador principal en las sesiones vespertinas de Spring Harvest, en Minehead, y se me había encomendado explicar la carta de Pablo a los Filipenses. Llegué al versículo 11 del capítulo 3 ("así espero alcanzar la resurrección de entre los muertos"), y señalé que ni Pablo mismo daba por sentada su salvación futura, sino temía ser "descalificado" él mismo (1Co 9:27). Respaldé esta afirmación con textos de cada parte del Nuevo Testamento (los consideraremos en el capítulo 3).

Luego hablé de quienes "juegan con Dios porque están seguros de tener un boleto para ir al cielo", y cité como ejemplo a los cristianos que dejan a su cónyuge por otra persona, sea que simplemente "convivan" con la nueva pareja o pasen por el divorcio y un nuevo casamiento. Muchos siguen concurriendo a la iglesia, dicen que Dios está bendiciendo su nueva relación y esperan ir al cielo. Pero el pecado sigue siendo pecado, sea en creyentes o en incrédulos. Con Dios no hay favoritismos. Somos justificados por la fe, pero seremos juzgados por las obras.

¡Estas breves declaraciones casi provocaron una batahola! Uno de los hombres que estaban en la plataforma se puso de pie de un salto cuando terminé mi exposición y gritó una y otra vez: "Nada nos podrá separar del amor de Dios, que es en

Cristo Jesús", mientras pedía a los músicos que nos guiaran a todos en una canción basada en este versículo. Entonces, uno de los principales patrocinadores dirigió una oración por mí y por mi pobre esposa, "¡porque David no siempre entiende bien las cosas!". La situación fue salvada por Roger Forster, quien tomó el micrófono y dijo que deberíamos estar pensando en el mensaje, y no en el mensajero. Hizo un llamado, que tuvo una enorme respuesta, liderada por siete hombres llorosos. No alcanzaban los consejeros para manejar la situación, y el hombre que estaba a cargo me dijo después que ellos nunca habían visto un arrepentimiento tan real en la sala de consejería.

La cinta grabada de mi exposición fue quitada de circulación, y luego fue liberada después de muchas protestas, pero solo después que le hubieran agregado un "comentario explicativo" que decía que yo no había podido moderar mis comentarios debido a la falta de tiempo, lo cual simplemente no era cierto.

¡Así concluyó mi carrera en Spring Harvest! El doble golpe de cuestionar el concepto de "una vez salvo, siempre salvo" y acusar a cristianos que habían abandonado a su cónyuge por otro de vivir en pecado resultó ser demasiado. Me retiré con ganas de escribir dos libros que abordaran estos temas vitales para la creencia y la conducta. Este es el primero de los dos.

"Una vez salvo, siempre salvo" es un cliché suficientemente conocido en círculos evangélicos, y aun aparece como título de folletos y libros (incluyendo éste, tal vez el primero en agregar los signos de pregunta).

Si bien esta expresión trillada no puede encontrarse en las escrituras, se la cita a menudo como si estuviera en ellas. Su uso está tan generalizado que ha adquirido la condición de un proverbio (como "al que madruga, Dios lo ayuda"); si no es un minicredo, por lo menos es una "palabra fiel y digna de ser recibida por todos".

El hecho de que no pueda encontrarse en la Biblia no significa necesariamente que no sea bíblica, ni que sea antibíblica siquiera. Podría ser un concepto bíblico, aunque no esté expresado con palabras bíblicas. Si bien es una declaración humana, podría contener una verdad divina. Tenemos que preguntarnos si es un resumen preciso, o aun adecuado, de lo que enseña la Biblia acerca de este tema crucial. Necesitamos acercarnos a los pasajes pertinentes de manera abierta, libres de prejuicios. Sin embargo, esto es sumamente difícil por varias razones, que tienen que ver con nuestras mentes, nuestros corazones y nuestras voluntades.

Nuestras *mentes* han sido penetradas profundamente por el concepto de la "seguridad eterna". La predicación implícita de los evangelistas y la enseñanza explícita de los pastores se han combinado para garantizar que no tengamos dudas acerca del futuro. No es sorprendente que en general se suponga que "salvo" significa "seguro".

Sin embargo, esta suposición casi universal necesita ser examinada desde su origen. Debo agregar dos observaciones a partir de mi propia experiencia (si bien no son más que eso). A lo largo de los años, he discutido este tema con muchos cristianos y he hecho dos descubrimientos sorprendentes.

Por una parte, la mayoría de los que creen esto, si no todos, lo hacen porque se les ha dicho que lo creyeran. No lo encontraron por su cuenta, sino que lo oyeron de otra persona. Por lo tanto, estaban más influidos por una interpretación particular de pasajes escogidos que por una búsqueda propia en las escrituras. En otras palabras, llegaron a la Biblia esperando encontrarlo y, por lo tanto, lo encontraron. He preguntado a mis colegas predicadores por qué lo predican y ni uno ha contestado: "porque está en la Biblia". Cada uno, sin excepción, ha dicho: "Soy de la posición reformada (o calvinista)", lo cual revelaba que la principal influencia sobre su pensamiento data de muchos siglos después del Nuevo Testamento.

Por otra parte, todas las personas que conozco que han tenido que estudiar la Biblia sin la ayuda de nadie han llegado a la conclusión de que tendrán que "continuar" si quieren llegar al cielo finalmente. Esto conduce a un temor frecuente en los nuevos convertidos de que tal vez no puedan mantener su compromiso. El consejo que reciben entonces puede confundirlos aún más. Se les dirá que Dios seguramente los guardará porque confiaron una vez en él, o que Dios puede guardarlos si siguen confiando en él. Hay un mundo de diferencia entre estas dos palabras de consuelo.

El concepto está tan profundamente arraigado en la mente que resulta imposible para muchos siquiera considerar la alternativa. Temo por aquellos lectores que lean este libro solo para tratar de encontrar sus defectos. Aun cuando concluyan finalmente que estoy errado, sería un aliento para mí si hubieran comenzado aceptando la posibilidad de que podrían estar errados ellos. El prejuicio puede ser fatal.

Es probable que nuestros *corazones* sean un problema aún mayor que nuestras mentes. Se trata de un asunto altamente emocional, capaz de despertar sentimientos profundos. Esto hace que sea muy difícil mantenerse indiferente, convirtiendo una discusión objetiva en una defensa subjetiva.

Primero, hay quienes están preocupados por ellos mismos. Se sienten amenazados, aun por la discusión. Por cierto, algunos temen entrar siquiera en el diálogo por temor a que la duda los lleve a la desesperación. Su "seguridad" es demasiado frágil como para resistir ser desafiada. Donde se habían sentido seguros, ahora sienten que hay peligro. Si este libro cayera en manos de tales personas, las alentaría a leerlo por completo, especialmente el último capítulo. Y quisiera recordarles con amor que las escrituras nos exhortan: "Examínense para ver si están en la fe" (2Co 13:5). El apóstol Pablo no temía cuestionar el estado o la posición de los cristianos corintios.

Segundo, hay quienes están preocupados por otros. Difícilmente los que estén apartados lean este volumen, aunque en realidad necesitarían hacerlo. Pero sus familiares y amigos tal vez lo hagan y pueden encontrarse temiendo lo peor. La iglesia en general carga con el peso de ver a tantos cientos de miles que se apartan de la fe que una vez abrazaron, sea respondiendo al llamado en una campaña evangelística o incorporándose a la membresía de una iglesia mediante su programa normal. Si todos se hubieran podido retener, la cantidad de cristianos sería mucho mayor que la actual. La pregunta "¿dónde están ahora?" es suficientemente dolorosa como para hacer la pregunta: "¿dónde estarán entonces?".

Hay muchos que encuentran que es emocionalmente insoportable pensar que alguien que alguna vez anduvo por el camino angosto de la vida pudiera encontrarse otra vez en el camino ancho de la destrucción.

Nuestras *voluntades* participan también. La carne es por naturaleza perezosa. La desidia es un pecado mortal. Preferimos pensar en el reino del cielo como un estado benefactor basado en dádivas. Una sociedad basada en la gratificación instantánea responde a un evangelio de gracia instantánea. Es más fácil predicar la oferta gratuita de Dios de la redención que su demanda de justicia.

La idea de que la salvación involucra algún esfuerzo de parte nuestra se descarta despectivamente como volver a introducir las "obras" por la puerta de atrás. Ocuparse en la salvación es considerado como ocuparse en lograr la salvación.

Hace mucho que llegué a la conclusión de que la gente cree lo que quiere creer, sin importar la evidencia que se le presente. Esto parece cumplirse de manera especial en este caso. ¿Cuál punto de vista tiene más posibilidades de ser simpático, aun para la naturaleza humana redimida: que la decisión de un instante o la disciplina de una vida determina nuestro destino eterno?

Así que tanto nuestras mentes como nuestros corazones y nuestras voluntades pueden impedirnos llegar a esta discusión sin prejuicios (es decir, juicios previos), en particular con relación a los datos bíblicos.

Un principio de interpretación establecido dice que las escrituras deben ser entendidas en su sentido más sencillo y llano, a menos que se indique claramente lo contrario.

Intentaremos hacer esto, tomando los textos al pie de la letra y en su contexto. No rotularemos versículos que no encajan en nuestros esquemas mentales como pasajes "problemáticos", lo cual equivale a una admisión de selectividad.

Es necesario hacer dos comentarios introductorios adicionales antes de emprender nuestra investigación.

El sustantivo "cristiano" no será prominente. Fue un apodo acuñado y usado por personas externas a la iglesia en el Nuevo Testamento (Hch 11:26, 26:28; 1P 4:16 está también en el contexto de su uso por los incrédulos). Su connotación moderna es de alguien que ha "arribado" de alguna forma entre los salvos, o al menos ha "cruzado la línea". Es una palabra estática, que carece de todo sentido de progreso posterior. El título favorito para los creyentes en la iglesia primitiva (ver Hechos) era "discípulo", que es mucho más dinámico, y que sugiere alguien que continúa aprendiendo de su maestro y siguiéndolo. Transmite la idea de estar "en el camino", más que haber "cruzado una línea". Es significativo que el primer título para la creencia y la conducta cristiana fue "el Camino" (de nuevo, ver Hechos).

Resultará a la vez tedioso y molesto seguir leyendo "una vez salvo, siempre salvo" en forma completa. Así que de ahora en más se usará la abreviatura "UVSSS" en reemplazo de la expresión completa.

Pero ¿qué entiende la gente por esta expresión?

1. VARIANTES PRINCIPALES

A muchos lectores les sorprenderá este capítulo. La simplicidad de la declaración UVSSS (una vez salvo, siempre salvo) puede haberlos llevado a pensar que todos entienden lo que significa. Para ellos, la cuestión también es sencilla: uno la cree o no la cree. Perder la salvación o no perderla, ésa es la cuestión.

Lamentablemente, no es tan sencillo como parece. UVSSS significa diferentes cosas para diferentes personas. De hecho, hay todo un espectro de opiniones, y debemos ser justos para con todos los puntos de vista para que la crítica no sea descartada como una caricatura.

Hay dos preguntas básicas que revelan la amplia variedad de la definición.

Primero, ¿cuán grave es el *pecado* en el creyente? La actitud cubre toda una gama, que va de leve a serio. Para algunos, es solo decepcionante. Para otros, tiene un efecto debilitante o aun perjudicial en lo espiritual. Nadie que apoye UVSSS lo consideraría eternamente peligroso.

Segundo, ¿cuán importante es la *santidad* en el creyente? Aquí también hay toda una gama, que va de opcional a obligatoria. Entre estos últimos están quienes dicen que "deberíamos" ser santos y quienes dicen que "debemos" ser santos, pero pocos detallan la penalidad por no ser santos. Nadie que crea en UVSSS diría que su ausencia significa la pérdida del cielo.

Obviamente, es imposible cubrir todo el espectro, pero podemos comprenderlo si describimos los dos extremos, ya que todo lo que queda en el medio es una mezcla de ambos, en distintas proporciones. En una punta, el pecado y la santidad en los creyentes se toman muy a la ligera, y en la otra, muy seriamente. En un extremo, se entiende UVSSS de una forma muy sencilla; en el otro, de una forma muy sutil. Voy a identificarlos por la primera y la última letra del alfabeto griego, Alfa y Omega, por razones que pronto serán evidentes.

La visión "Alfa"

Esta es la comprensión simple de UVSSS. Sus proponentes creen que una vez que una persona ha ejercido la fe en Cristo Jesús, está salva y segura por la eternidad, no importa lo que ocurra después. Puesto de otra forma, un instante de fe en toda una vida es suficiente para garantizar un lugar en la gloria.

Todo lo que se necesita hacer es *comenzar* la vida cristiana. Uno ahora es "salvo". Tiene un boleto garantizado al cielo. Todo está arreglado. Comenzar, en cierto sentido, es terminar. Solo el primer paso es absolutamente necesario. Solo hace falta comenzar al principio. Por lo tanto, el rótulo "Alfa" parece adecuado.

Está implícita en la predicación de muchos evangelistas, quienes deben ser responsabilizados por transmitir este concepto, aun sin darse cuenta. Tal vez inconscientemente, presentan el evangelio como una póliza de seguro para el próximo mundo, ofreciendo escapar del infierno antes que liberarse del pecado. Esto ocurre cuando se pone la mira más en la muerte que en la vida ("si usted fuera a morir esta noche, ¿se encontraría en el cielo o en el infierno?"). A menudo se ofrece un lugar garantizado en el cielo como respuesta a la repetición de una "oración del pecador" de treinta segundos con el evangelista, frecuentemente sin mencionar las acciones de arrepentimiento hacia Dios o la recepción del Espíritu Santo, y mucho menos el bautismo en agua, en un marcado contraste con la evangelización apostólica del Nuevo Testamento (ver mi libro *El nacimiento cristiano normal*, Anchor Recordings Ltd., 2014, para un examen más detallado de la iniciación cristiana).

Aunque raramente se dice, queda la impresión de que, no importa cómo se viva la vida después, la posición del converso ante Dios no puede ser afectada.

En resumen, la admisión al cielo requiere perdón pero no santidad. En términos teológicos, la justificación es esencial, pero no la santificación.

No es sorprendente que esto pueda conducir a la complacencia moral y espiritual, y es lo que ocurre. En el peor de los casos, es posible regocijarse en la salvación mientras uno vive conscientemente en el pecado. Éste era el caso del hombre en el tren de Clapham y en Spring Harvest (ver Introducción). Es típico el comentario que me hizo una madre estadounidense: "Mi hija es una prostituta y una drogadicta, pero alabado sea el Señor, cuando tenía siete años tomó su decisión por el Señor y espero verla en gloria".

Este es el punto de vista "popular" de UVSSS. Asume una posición muy liviana, tanto del pecado como de la santidad en el creyente. Ninguno de los dos pueden afectar seriamente el destino eterno, en un sentido u otro. Lo importante es lograr que se "salve" la mayor cantidad de gente posible, lo cual significa lograr que comiencen.

Sin embargo, éste no es de modo alguno el punto de vista de todos los que aceptan UVSSS. Por cierto, muchos se ofenderían por la presentación hecha hasta ahora, y la considerarían como una distorsión total, una interpretación simplista de su posición. Preferirían disociarse de una actitud tan permisiva (que podrían denominar "antinomiana", lo que significa "sin ley").

Así que veamos el otro extremo del espectro.

La versión "Omega"

Esta es la comprensión sutil de UVSSS, más sofisticada y mucho menos permisiva. Tanto el pecado como la santidad en los creyentes son tomados más seriamente.

Hay un énfasis en la necesidad de la perseverancia en la vida cristiana. La santidad es tan necesaria como el perdón, la santificación tan esencial como la justificación. Los creyentes nunca deben volverse complacientes o satisfechos, sino que deben avanzar hacia el premio de su llamado supremo. Es tan vital *terminar* la "carrera" como comenzarla; de ahí mi rótulo de "Omega" para este punto de vista.

Está implícita en la enseñanza de muchos pastores, especialmente aquellos que se describirían a sí mismo como "reformados" en la doctrina. Alienta a sus oidores a la madurez, con constantes exhortaciones a no detenerse, o peor, retroceder.

El énfasis en la perseverancia la distingue de la más sencilla posición Alfa. Por cierto, a algunos en realidad les desagrada el lema "una vez salvo, siempre salvo", porque no incluye o sugiere siquiera la necesidad de seguir avanzando después. Por lo tanto, lo evitan por inadecuado más que por inexacto.

No es exagerado decir que quienes proponen este punto de vista creen que solo quienes perseveran serán salvados finalmente, y que los que no perseveran se perderán para siempre. Entonces, ¿cómo puede categorizarse como UVSSS? ¡Lo que dicen acerca de la perseverancia parece estar en contradicción total con esto! De hecho, logran creer en ambas cosas, y aquí es donde entra la sutileza. La tensión se resuelve en una de dos formas diferentes.

Algunos la resuelven definiendo la *penalidad* por apartarse. Dicen que, como máximo, lo que puede perderse está en la esfera de la recompensa o la bendición especial, ya sea en este mundo o, más frecuentemente, en el próximo. Es decir, hay una "bonificación" por la perseverancia que uno puede perder, si bien la participación en la gloria celestial sigue estando asegurada.

Otros la resuelven negando la *posibilidad* de apartarse, por lo menos de manera persistente. Esto equivale a creer que todos los que verdaderamente han nacido de nuevo "deben" perseverar, no en el sentido de que deberían hacerlo, sino que lo harán pase lo que pase, no pueden evitar hacerlo.

Tampoco concluye aquí. Esta perseverancia inevitable no es tanto una acción de ellos como un "don" de Dios que no pueden rechazar. Él se asegura de que terminen, así como se aseguró de que comiencen. Este don y la creencia en el don se conocen a menudo como "la perseverancia de los santos", un término algo inapropiado, ya que se trata de una acción divina más que humana. Recientemente ha sido descrita de manera más precisa como "la preservación de los santos".

La deducción lógica que surge de esto es que todos aquellos que en la práctica no perseveran nunca nacieron de nuevo realmente. Tal vez hayan profesado la fe, y hasta llegaron a incorporarse a una iglesia en base a esto, pero solo eran "cristianos" nominales y, por lo tanto, no debe sorprendernos que no hayan persistido en su peregrinaje.

Esto tiene alguna relación también con la seguridad. ¿Cómo puede alguien saber que está entre los santos que perseveran a menos que, y hasta que, persevere? ¡Cuando uno sigue esta línea de razonamiento encuentra algunas complicaciones muy reales!

Debemos volver a nuestra idea principal. Los dos extremos del espectro de UVSSS son claramente muy diferentes entre sí, en particular en su actitud para con los que se apartan. Alfa los consideraría como aún salvos; Omega, que nunca fueron realmente salvos.

Ambos puntos de vista pueden ser caricaturizados y mal usados: uno se presta a la licencia permisiva y el otro al legalismo prohibitivo (similar a los saduceos y los fariseos en el tiempo de Jesús). Sin embargo, ninguno debe ser juzgado en base a esto.

Lo que tienen en común ambos —y, por cierto, todo el espectro de UVSSS— puede ser expresado simplemente así: UNA VEZ VERDADERAMENTE COMENZADA, LA VIDA CRISTIANA LLEGARÁ AL FINAL INEVITABLEMENTE. Una vez establecido Alfa, Omega está garantizado. Lo que ha comenzado en la tierra concluirá con certeza absoluta en el cielo.

Que solo necesitemos comenzar o que también necesitemos concluir es una mera diferencia de énfasis a la luz de esta concordancia básica entre todos los que apoyan UVSSS. En la práctica, no hace ninguna diferencia al resultado final. La regeneración debe dar como resultado la glorificación de manera inevitable, sin importar lo que ocurra entremedio.

Es tentador denominarla una salvación "de ascensor". Una vez que uno se sube a él, puede subir o bajar en él, pero nunca puede bajarse de él. Tarde o temprano, uno está seguro de llegar arriba.

Sin embargo, el Nuevo Testamento habla de una "carrera" más que de un paseo o, puesto de otra forma, de una "caminata" a lo largo del "Camino". Tanto los que corren como los que caminan pueden no llegar al final, o aun pueden apartarse por completo de la pista o del camino. Pero estamos yendo demasiado rápido. Baste decir que las escrituras son bastante claras en cuanto a que somos *nosotros* los que debemos caminar o correr.

Nos falta completar una tarea más antes de considerar las escrituras. Necesitamos observar algunas de las premisas que se llevan a la Biblia y que colorean tanto lo que buscamos como lo que encontramos.

2. SUPOSICIONES EVANGÉLICAS

Ningún elemento de la fe cristiana puede ser considerado aisladamente. Las diferentes doctrinas tienden a estar interconectadas, y cada una afecta a varias otras o es afectada por ellas.

UVSSS no es ninguna excepción. Suele formar parte de una red de conceptos. De hecho, está asociado con dos de estos conjuntos: uno, particular, y el otro, general.

El "sistema" de teología *particular* con el que UVSSS está más vinculado es conocido como calvinismo, por Juan Calvino, el reformador protestante de Ginebra. Lo consideraremos más adelante, cuando rastreemos el desarrollo histórico de la idea.

El trasfondo *general*, que abordaremos ahora, es el "evangelicalismo", que incluye pero es mucho más amplio que el calvinismo. Es la opinión compartida del evangelio que brinda una base para los esfuerzos evangelísticos unidos, sea a gran escala o en un ámbito local.

Estas convicciones comunes incluyen el acuerdo acerca de los "fundamentos" tales como la salvación, la fe, el perdón, la vida eterna y el reino de Dios. La suposición general, aunque no universal, es que UVSSS encaja cómodamente en este paquete.

Pero necesitamos darnos cuenta de que solo encaja cuando estos conceptos básicos se interpretan de cierta manera. Siempre y cuando esta interpretación sea fiel a las escrituras como un todo y no sea "probada" solo citando textos, especialmente fuera de contexto, no hay nada que objetar. Pero si puede demostrarse que estos otros temas han sido seriamente malinterpretados, entonces también arrojaría dudas sobre UVSSS.

Esto es precisamente lo que se demostrará en este capítulo. Hay conceptos comunes acerca del evangelio que pueden ser erróneos y engañosos. Comenzamos por el más fundamental de todos: ¿qué significa para nosotros la "salvación"?

La salvación

La palabra clave en UVSSS es, obviamente, "salvación". El uso popular de ella revela serias deficiencias cuando se lo compara con el Nuevo Testamento.

Se la usa siempre en tiempo pasado, como refiriéndose a algo ya concluido. Considere los siguientes comentarios habituales:

"Fui salvado en una cruzada de Billy Graham hace diez años".

"Siete personas fueron salvas el último domingo a la noche".

"¿Has sido salvado, hermano?".

Hay una implicación adicional. No solo ya ha sido lograda la salvación, sino que ocurrió muy rápidamente, en un tiempo muy breve, si no de manera instantánea. Por lo tanto, puede ser fechada; algunos pueden indicar el año, mes, semana, día, hora y aun el minuto. No poder precisar la fecha exacta en que uno fue "salvado" a menudo es considerado como una desventaja por los muchos "nacidos de nuevo" que no pueden hacerlo, especialmente al dar su testimonio.

Todo esto tiene poco apoyo escritural, donde los cuatro pasos básicos de la iniciación (arrepentimiento hacia Dios, fe en Jesús, bautismo en agua y recepción del Espíritu Santo) pueden extenderse a lo largo de horas, días, semanas, meses o aun años.

La pregunta más importante es si la "iniciación", una vez completada, equivale a la "salvación". ¿Podemos considerar que todos los iniciados son "salvos"? La respuesta es sorprendente.

La enseñanza apostólica usa el verbo "salvar" en tres tiempos: pasado, presente y futuro. Al parecer, ¡hemos sido salvados, estamos siendo salvados y seremos salvados! Si existe algún énfasis, es en el futuro (ver, por ejemplo, Mt 24:13; Ro 5:10; 1Co 5:5; 1Ti 4:16; Heb 9:28).

¿Qué conclusión sacamos de esto? Que la salvación, más que un suceso instantáneo, es un proceso que requiere tiempo. El evangelio trata del "Camino" de salvación, que necesitamos transitar para alcanzar nuestro destino.

En otras palabras, la salvación aún no está completa en ninguno de nosotros. La descripción más apropiada de nuestro estado actual es que estamos "siendo salvados". En palabras del viejo recolector de algodón: "Señor, no soy lo que debería ser, y no soy lo que voy a ser, pero alabado sea el Señor que no soy lo que era".

La palabra "salvación" es hermana de "rescate", muy usada en la Segunda Guerra Mundial pero que ahora ha sido reemplazada por "reciclaje". Significa rescatar la basura (papel, metal, vidrio, etc.) de ser arrojada al basurero, para reprocesarla hasta que pueda volver a ser usada para su propósito original.

Eso es precisamente lo que el Señor está haciendo por nosotros. Jesús a menudo usaba a Gehena (el valle de Hinón, el basural de Jerusalén) como una imagen del infierno, donde Dios "arrojaría" (no "enviaría") a las personas que habían "perecido" y que ya no le servían (ver mi libro *The Road to Hell*[1], Hodder & Stoughton, 1992).

Por lo tanto, la salvación abarca dos aspectos. En un sentido negativo, necesitamos ser salvados *de* nuestros pecados, tanto de sus consecuencias subjetivas como objetivas. En un sentido positivo, necesitamos ser restaurados plenamente *a* esa imagen original de Dios en la que fuimos creados y que se ve perfectamente en el carácter de Cristo. Y él puede salvar para lo más alto así como de lo más bajo.

El proceso puede ser descrito teológicamente en tres fases: de nuevo, pasado, presente y futuro. En la "justificación" somos liberados del castigo del pecado. En la "santificación", del poder del pecado. En la "glorificación", de la contaminación del pecado.

¿Alguna vez se completará esta renovación? Y si es así, ¿cuándo? Sí, cuando Jesús vuelva al planeta Tierra. "Sabemos, sin embargo, que cuando Cristo venga seremos semejantes a él, porque lo veremos tal como él es" (1Jn 3:2). Entonces,

---

1 En español, *El camino al infierno.*

finalmente, seremos realmente "salvos", ¡completamente y permanentemente!

Ahora podemos ver cuán serio es caer en la costumbre de usar "salvo" solo en el tiempo pasado. Sobre todo, su uso como sinónimo de la conversión da a los conversos la idea de que ya lo consiguieron todo, que algo ha concluido en vez de haber recién comenzado, que están listos para el cielo además de haber sido rescatados del infierno. No es sorprendente que muchos retroceden en vez de avanzar.

El término "una vez" en UVSSS también es muy cuestionable, ya que sugiere aún más fuertemente que la salvación ha sido completada en vez de comenzada. De hecho, la frase "una vez salvo" solo será enteramente apropiada en el retorno de Cristo. Entonces, y solo entonces, será también correcto el término "siempre salvo".

Por supuesto, esta visión más profunda de la salvación como una transformación continua no ha abordado el asunto básico que aún está frente a nosotros: a saber, el proceso, una vez comenzado, ¿continuará inevitablemente hasta que sea completado, o puede ser detenido? ¿Se parece más a una máquina que entrega un producto terminado, o a un matrimonio que necesita trabajo de ambas partes para que no se venga abajo (o aun que una parte mantiene unido independientemente de la otra)?

Estas preguntas deben ser consideradas a la luz de otras escrituras. Entretanto, nótese que nuestro concepto de la salvación influye directamente en la forma en que entendemos UVSSS. Lo mismo ocurre con la fe.

La fe

Las preposiciones son muy importantes en las escrituras. Somos salvados *por* gracia *mediante* la fe. No somos salvados por nuestra fe sino por su gracia. Pero apropiamos esta gracia para nosotros al poner nuestra fe en el Señor Jesucristo. Es en este sentido que el Nuevo Testamento dice que somos "justificados" (es decir, absueltos como inocentes a los ojos del juez) "por la fe". Desde el tiempo de Abraham, Dios ha aceptado la fe en lugar de las buenas obras y la ha acreditado en la cuenta del creyente como "justicia" (Gn 15:6; Ro 4:5).

Pero, ¿qué es la "fe"? ¿Es algo que uno piensa con su mente o algo que uno siente con su corazón? Para sorpresa nuestra, tiene que ver más con la voluntad; es algo que uno *hace*. En la carta a los Hebreos hay un capítulo famoso (el 11) que es una lista de los grandes hombres de la fe del Antiguo Testamento. Cada uno de ellos reveló su fe haciendo algo. Noé construyó un arca. Abraham dejó su hogar para siempre. Josué marchó alrededor de los muros de Jericó, en los que Rajab había escondido a los espías israelitas. Todos estos hombres y mujeres confiaron en Dios y, por lo tanto, hicieron lo que les dijo que hicieran. Eso es la fe: confiar y obedecer. No es solo algo que se profesa en palabras sino algo que se practica en acciones.

Es una pena que con frecuencia se ha enseñado la profesión de la fe en vez de la práctica de la fe, credos en vez de hechos. Esta clase de "fe" puede ser declarada pero no puede ser demostrada. "Yo te mostraré mi fe por mis obras", dijo el apóstol Santiago (Stg 2:18).

Cuando la profesión reemplaza a la práctica, solo hay un pequeño paso a la idea de decir que la fe salvadora es cuestión de un instante. "Solo diga a Jesús que cree en él como su Salvador personal". Algunos de los defensores más extremos de UVSSS dicen que un minuto de "fe" en toda una vida asegura una redención eterna. Si bien podría ser cierto para los moribundos (como el ladrón en la cruz junto a Jesús), el caso de los vivos es muy diferente. Los que están muriendo no pueden seguir practicando la fe, pero los vivos pueden y deben hacerlo.

Como la salvación, la fe es una cosa continua en el pensamiento del Nuevo Testamento. Es una actitud constante expresada en acción. Ocurre especialmente cuando la fe es depositada en una persona. Es una contradicción de términos creer en alguien durante un solo instante. Si uno realmente cree en ella, continuará confiando en ella (y obedeciéndola), no importa lo que ocurra.

Esta necesidad de que la fe sea continua aparece de dos maneras en la Biblia, tanto en el sustantivo como en el verbo.

El *sustantivo* "fe" es exactamente la misma palabra que "fidelidad", en el idioma hebreo y también en el griego. Estar lleno de fe significa ser fiel. Este significado doble es crucial en ambos Testamentos.

El sustantivo es poco frecuente en el Antiguo Testamento, y de hecho aparece solo tres veces. Una vez se refiere a los cónyuges que tienen fe el uno en el otro y, por lo tanto, permanecen leales. Se usa de Aarón y Jur, cuando sostuvieron las manos de Moisés en oración todo el día; esta oración de "fe" (fidelidad) aseguró la victoria en la batalla.

El ejemplo supremo es Habacuc 2:4, citado por tres escritores del Nuevo Testamento, y el texto favorito de Martín Lutero: "El justo vivirá por su fe". El profeta estaba preocupado por la revelación de que Dios estaba trayendo a los terribles babilonios para castigar al pueblo de Jerusalén por sus pecados. Como conocía la política de "tierra arrasada" del tirano, que dejaba al territorio invadido inhabitable e inhabitado, Habacuc se quejaba de que sería inmoral e injusto que Dios no hiciera nada mientras los justos eran masacrados junto con los malvados, los inocentes junto con los culpables. La respuesta tranquilizadora de Dios fue decirle que "el justo vivirá por su fe". Podemos parafrasear esta palabra de consolación así: "los que están viviendo correctamente sobrevivirán el juicio venidero si mantienen la fe" (es decir, manteniéndose fieles durante el juicio).

Esta interpretación, que "por su fe" significa fidelidad persistente, es el significado preciso que recoge el Nuevo Testamento. En su carta a los Romanos, Pablo pone énfasis en que el evangelio revela una justicia divina que está disponible para los seres humanos "por fe de principio a fin" (lit: de fe a fe,

Ro 1:17). Algunas traducciones esclarecen bastante esta frase:

"por fe y para fe" (RVR60, LBLA, NBLH)
"de principio a fin es por medio de la fe" (RVRC)
"de fe en fe" (BJ2000)
"por fe, de principio a fin" (DHH)
"un camino que comienza desde la fe y finaliza en la fe" (New English Bible, inglesa)
"un proceso comenzado y continuado por la fe de ellos" (J. B. Phillips, inglesa)

Pablo cita Habacuc 2:4 como una confirmación bíblica.

El mismo énfasis se encuentra en Hebreos 10:38: "Pero mi justo vivirá por la fe. Y si se vuelve atrás [una expresión náutica para indicar la acción de arriar las velas de un barco], no será de mi agrado". De nuevo, la nota de seguir avanzando, pase lo que pase (un tema de toda esta carta), es extraído de las palabras del profeta.

En el Nuevo Testamento, a veces es bastante difícil saber si la palabra griega *pistis* debería ser traducida como "fe" o "fidelidad", especialmente cuando aparece listada como un don y también como un fruto del Espíritu (1Co 12:9 y Gá 5:22). Sin embargo, el sustantivo se encuentra muchísimas menos veces que el verbo, en particular en los escritos del apóstol Juan.

El *verbo* es más dinámico que el sustantivo, indicando una actividad más que un atributo.

Lo que es aún más interesante es la elección del tiempo para este verbo, ya que el idioma griego es algo diferente del inglés-español. A veces, "creer" está en el tiempo aoristo, que suele indicar una acción específica en un momento específico. Pero en muchos versículos cruciales "creer" está en el tiempo presente. Esto aparecerá de manera destacada en este libro, así que se ofrece una explicación completa aquí.

El tiempo presente griego suele denominarse el tiempo "presente continuo", ya que se refiere a algo que está ocurriendo ahora como parte de una actividad continua. Si queremos transferir esta connotación al inglés-español en realidad hace falta usar palabras adicionales: como mínimo, la palabra "está" con la terminación verbal "-ando/endo" o, mejor aún, "continúa/sigue" con la terminación verbal "-ando/endo". Por lo tanto, "él respira" en griego significaría "él está respirando" o "él continúa respirando" o "él sigue respirando".

En inglés-español, el tiempo presente puede perder esta continuidad por completo. "Él ríe" no da ninguna indicación real de si es una carcajada o una risita nerviosa que no puede detenerse.

En griego, un presente imperativo con una negación es una orden de dejar de hacer algo, de interrumpirlo. La orden en español de labios de Jesús: "No me toques" (RVR60, Jn 20:17) ha sido entendida erróneamente por muchos como una indicación de que su cuerpo no era tangible. Las traducciones modernas han corregido esto. "Deja de aferrarte a mí" ("No me retengas", DHH; "Suéltame", NVI, LBLA, NBLH) es mucho mejor.

Apliquemos estos conceptos a algunos textos favoritos del Evangelio de Juan. Hacia el final, él da la razón de su selección de los muchos milagros que hizo Jesús, muy diferente de la de los otros Evangelios "sinópticos", Mateo, Marcos y Lucas. "Pero éstas se han escrito para que ustedes crean [es decir, "sigan creyendo" o "continúen creyendo"] que Jesús es el Cristo, el Hijo de Dios, y para que al creer [es decir, "al seguir creyendo"] en su nombre tengan [es decir, "estén teniendo" o "continúen teniendo"] vida" (20:31).

Significa, entre otras cosas, que Juan escribió su Evangelio para creyentes y no para incrédulos, para que las personas sigan creyendo y no para que comiencen a creer. Por lo tanto, es bastante poco adecuado usarlo como un tratado evangelístico, como se dará cuenta cualquiera que tome el prólogo del Evangelio seriamente (1:1-18). ¿Por qué, entonces, seguimos instando a los incrédulos a leerlo? Probablemente porque esperamos que lleguen hasta el capítulo 3, donde leerán acerca de "nacer de nuevo" (¡una frase y un concepto que nunca fueron usados en la evangelización apostólica!) y lean 3:16, el "evangelio resumido".

Pero aun éste, el más famoso de todos los textos, toma un sabor bastante diferente cuando se lo vuelve a traducir para que refleje esos tiempos presentes: "Porque tanto amó Dios al mundo, que dio a su Hijo unigénito, para que todo el que cree [está creyendo ahora, continúa creyendo] en él no se pierda, sino que tenga [esté teniendo ahora, continúe teniendo] vida eterna". Con demasiada frecuencia, la palabra "cree" se entiende como "ha creído una vez", y la palabra "tenga" como "ha recibido una vez para siempre". Cuando Juan dice que todo el que cree tiene vida, transmite el mismo concepto que "todo el que respira tiene vida", que todo el mundo entenderá que significa: "todo el que continúa respirando seguirá viviendo".

Así que la fe no es un único paso, sino muchos, muchos pasos: una caminata. De hecho, es un viaje de toda la vida. No es la fe con la que comenzamos sino la fe con la que terminamos la que nos deposita a salvo en la gloria. Si volvemos a Hebreos por un momento, vemos que la fe de estos héroes tenía la cualidad vital de la perseverancia: "Todas estas personas murieron aún creyendo lo que Dios había prometido" (NTV; "Todas estas personas todavía estaban viviendo por fe cuando murieron", NIV inglesa; 11:13, uno de mis textos favoritos)

La importancia de esto para UVSSS debería ser muy obvia. ¿Puede la salvación sobrevivir el "naufragio" de la fe? ¿Puedo seguir "siendo salvado" si no sigo creyendo? Si los justos y los justificados viven por la fe, ¿qué pasa si muere la fe?

Debemos dejar estas preguntas por el momento y avanzar a otro tema relacionado, acerca del cual supuestamente hay acuerdo, pero que tal vez resulte ser otra simplificación excesiva: a saber, el perdón.

El perdón

Hace unos años, se reunieron en India representantes de todas las principales religiones del mundo para un diálogo interreligioso. A cada uno se le pidió que nombrara un beneficio que su religión podía ofrecer y que no podía encontrarse en otra parte. El cristiano dijo simplemente: "El perdón". Esto fue recibido en silencio. ¡Ningún otro podía afirmar lo mismo!

El perdón de pecados es una de las mayores maravillas. La única persona que está en la posición de otorgarlo es Dios mismo. Cuando Jesús dijo que podía hacerlo, fue considerado como la blasfemia última (Mr 2:7), y lo hubiera sido, si no era divino.

El perdón no es ni barato ni fácil, si bien el perdonador es quien carga por lo general con el costo y la presión, antes que el perdonado. Esto se cumple de manera suprema en Jesús. Cada acción de perdón divino está escrita con su sangre. No nos costó nada a nosotros porque a él le costó todo.

El perdón, por lo tanto, es un don gratuito. Sin embargo, eso no significa que no haya nada que tengamos que hacer para tenerlo. Como mínimo, es necesario pedirlo y recibirlo.

Por desgracia, hay otros equívocos, incluyendo dos grandes: que el perdón es ilimitado y que es incondicional. Estos tienden a abaratar lo que ha sido tan costoso.

Hay tres formas en que los límites del perdón han sido pasados por alto.

Primero, *el perdón trata con la penalidad de los pecados, pero no con las consecuencias*. Lamentablemente, los pecadores suelen estar más preocupados por lo último que por lo primero. Caín y Esaú son ejemplos clásicos (Gn 4:14; Heb 12:17). Para ilustrar la diferencia, tome el caso de un joven que roba un auto, lo choca y como resultado pierde el uso de su mano derecha. Esa es una consecuencia. Es arrestado por la policía, y un tribunal lo sentencia a un período de prisión por la ofensa. Esa es una penalidad. La penalidad por el pecado es la alienación de Dios. Las consecuencias pueden ser años dilapidados, una salud quebrantada, matrimonios arruinados, fortunas perdidas y muchas otras cosas que no siempre pueden ser restauradas. El hijo pródigo volvió al hogar y al amor de su padre, pero no recuperó su dinero. Aun después que los pecados sean perdonados, muchos efectos pueden continuar y sus consecuencias deben ser enfrentadas. La conversión no libera a nadie de matrimonios errados o hipotecas gigantescas. ¡No sirve decir al gerente de la empresa constructora que todas sus deudas fueron pagadas en el Calvario! Solo sus deudas a Dios fueron pagadas ahí. En realidad, el perdón le permite enfrentar las consecuencias del pasado de otra manera, porque Dios ahora lo ayuda. Las deudas pueden ser pagadas, las relaciones pueden ser sanadas. Eso es lo que significa "restitución": arreglar lo que se puede arreglar, y apenarse por lo que no se puede arreglar.

Un ejemplo notable de este límite fue la conversión de muchos criminales de guerra nazis en el juicio de Núremberg por las atrocidades de la Segunda Guerra Mundial. Mediante el ministerio de un capellán del ejército americano, el padre Gerecke, hallaron el perdón y la reconciliación con Dios mediante Cristo, pero igual tuvieron que aceptar las consecuencias y fueron ejecutados en la horca.

Segundo, *el perdón trata con los pecados pasados, pero no con los pecados futuros.* Esta es una falacia muy común: que ningún pecado más volverá a manchar nuestro registro una vez que hemos acudido a Cristo. Pero solo se pueden perdonar los pecados que ya han sido cometidos. Por eso a los creyentes se los exhorta a hacer de la confesión de pecados un hábito regular (1Jn 1:9). Necesitamos mantener cuentas cortas con Dios. A menos que tratemos con el pecado rápidamente, puede tener un efecto dañino sobre nuestras relaciones espirituales.

Significa que el pecado en los creyentes es tan serio como el pecado en los incrédulos. De hecho, es más serio, ya que hay menos excusas para cometerlo. Esto queda confirmado por el tercer límite al perdón.

Tercero, *el perdón trata con los pecados perdonables, pero no con los pecados imperdonables.* Muchos son conscientes de "el pecado imperdonable", aunque hay conciencias culpables que a menudo suponen haberlo cometido a pesar de su definición bíblica (en Mateo 12 consiste en decir que la obra del Espíritu Santo es la obra del diablo). No hay ninguna indicación de que este pecado solo se encuentre entre los incrédulos. ¡Es más probable que ocurra entre los que creen que existe un diablo! La generalización irrestricta de que "todo hablar en lenguas es del diablo" se aproxima peligrosamente.

Pero es un gran error suponer que hay un solo pecado "imperdonable" o, como máximo, solo unos pocos. Bajo ciertas circunstancias, cualquier pecado puede convertirse en imperdonable, en especial entre creyentes nacidos de nuevo. Para entender cómo puede ser esto, debemos volver atrás a Levítico, donde aparecen diferentes sacrificios para pecados "involuntarios", pero ninguno para pecados "inconsiderados". Se provee expiación para caídas accidentales pero ninguna para la desobediencia voluntaria y deliberada. Si bien la carta a los Hebreos en el Nuevo Testamento argumenta que el viejo sistema de sacrificios y el pacto sobre el cual descansaba son obsoletos, se mantiene la distinción entre el pecado accidental y el pecado deliberado (Heb 10:26-31, que será explicado con mayor detalle en el capítulo 3). La persistencia deliberada en un camino de pecado después de la iluminación no puede ser expiada, ni siquiera por la cruz de Cristo. Esto hace que uno especule sobre lo que habría dicho Jesús a la mujer tomada en adulterio después si hubiera ignorado su orden ("vete, y no vuelvas a pecar", Jn 8:11).

Por lo tanto, el perdón tiene claros límites de estas tres formas, cada una de las cuales tiene mucha relación con la cuestión de UVSSS. Pero eso no es todo. Hay una idea igualmente extendida de que es incondicional, que no hay nada que debemos hacer, salvo solicitarlo.

Es una pena que muchos no logren distinguir entre merecer y recibir el perdón. No hay nada que podamos hacer para merecer o ganar el favor y hacer así una contribución a nuestro "mérito" para ser perdonados.

Sin embargo, es un error fundamental pensar que no hay condiciones necesarias. Las escrituras enseñan claramente que algunos están descalificados de siquiera pedir el perdón y otros de retenerlo. Veremos dos de estas limitaciones, una antes y otra después de ser perdonados.

Primero, *antes que una persona pueda ser perdonada, necesita arrepentirse.* Esta es una condición vital en el receptor. El arrepentimiento involucra mucho más que sentimientos de pena y remordimiento. Surge de un cambio de opinión acerca de lo que ha ocurrido, y se expresa en confesión y corrección del pasado, donde pueda ser corregido (restitución, reconciliación, etc.).

Esto se aplica también a las relaciones humanas. Debemos estar dispuestos a perdonar a un hermano "siete veces al día", pero pocos han notado la cláusula vital: "si se arrepiente" (Lc 17:3-4).

Por eso la predicación del evangelio en el Nuevo Testamento siempre comienza por la orden de arrepentirse, antes de la invitación de creer, tanto con Jesús mismo como con los apóstoles (Mr 1:15; Lc 24:47; Hch 3:19; 26:20). El perdón estaba asociado con el arrepentimiento hacia Dios más que con la fe en Jesús, en un marcado contraste con gran parte de la evangelización contemporánea.

Segundo, *después que una persona ha sido perdonada, necesita perdonar.* En una de sus parábolas más devastadoras, ¡Jesús enseñó que el perdón puede ser perdido y cancelado! Se la suele llamar "El siervo impiadoso" (Mt 18:21-35). El rey que volvió a imponer la deuda y la sentencia de prisión al cortesano después de oír que no había querido ejercer la misma compasión por una suma muchísimo menor, refleja a Dios mismo. "Así también mi Padre celestial los tratará a ustedes, a menos que cada uno perdone de corazón a su hermano" (note que las palabras no son suficientes si no son sinceras). Esto explica el pedido de perdón en la oración diaria de los discípulos: "Perdónanos nuestras pecados, porque también nosotros perdonamos a todos los que nos ofenden" (Lc 11:4) y la bienaventuranza: "Dichosos los compasivos, porque serán tratados con compasión" (Mt 5:7).

No se trata de que al perdonar el pecado de alguien nos ganemos o merezcamos el perdón de nuestros propios pecados. Es una simple ley espiritual, que los que no están dispuestos a mostrar misericordia a otros no son capaces de recibirla ellos mismos. Al igual que la electricidad, no puede fluir dentro de una persona si no puede fluir a través y fuera de ella nuevamente.

Hay otras limitaciones y condiciones asociadas con el perdón, pero se ha dicho lo suficiente como para demostrar que no es necesariamente completo o permanente, como han supuesto muchos. Esto hace que sea mucho más sorprendente cuando es recibido y retenido. El perdón hace posible la vida eterna.

La vida eterna

Ha habido un gran debate entre estudiosos acerca de si la palabra "eterna" se refiere a una cualidad o a una cantidad de vida. La posición bíblica, como ocurre a menudo, parece comprender a ambas ideas. La vida eterna es "interminable" y "abundante" a la vez. Los defensores de UVSSS, por motivos obvios, tienden a enfatizar lo primero, en especial al citar versículos que sugieren que el creyente ya posee la vida eterna. Si éste es el caso, ¿cómo es posible que pueda ser terminada? ¿Cómo puede algo "eterno" morir?

De hecho, hay una confusión considerable en la iglesia acerca de cómo y cuándo un ser humano se vuelve "inmortal". Todos concuerdan que solo Dios es absolutamente inmortal (1 Ti 1:17; 6:16). Él siempre ha existido y siempre existirá. El debate se centra en el momento en que podemos compartir ese atributo con él.

Algunos creen que los humanos son inmortales por la *creación*. Creados a la imagen de Dios, comparten su inmortalidad. Esto se usa a veces erróneamente para apoyar la creencia de que el infierno es un tormento eterno ya que las "almas" no pueden ser aniquiladas (ver mi libro, *The Road to Hell*[2], Hodder & Stoughton, 1992).

Este punto de vista debe más al pensamiento griego que al hebreo, y ha recibido una fuerte influencia de la perspectiva neoplatónica introducida en la teología cristiana por Agustín en el siglo quinto. Los griegos creían que los humanos eran almas inmortales atrapadas en cuerpos mortales, liberadas por la muerte pero con pérdida de identidad.

En el jardín del Edén, Adán obviamente no era por naturaleza inmortal, ya que necesitaba del árbol de la vida para asegurar su supervivencia indefinida y quedó sujeto a la muerte cuando fue separado de él. Por lo tanto, era potencialmente pero no actualmente inmortal. Podría haber vivido para siempre, si no hubiera escogido desobedecer a Dios.

Otros creen que los humanos se volverán inmortales a través de la *resurrección*. Es un hecho del futuro más que un aspecto del pasado. Las escrituras apoyan esta posición, y reservan esta palabra para aquel momento cuando los espíritus mortales reciban un cuerpo inmortal (1Co 15:53-54). Esta perspectiva futura "sacó a luz la vida incorruptible mediante el evangelio" (2Ti 1:10). La propia resurrección de Cristo con un cuerpo de gloria más allá de la muerte y la descomposición (Ro 6:9) es una prueba de esta posibilidad. Dicho sea de paso, el hecho de que los malos serán "resucitados", además de los justos, es la base bíblica correcta para el tormento eterno en el infierno (ver Dn 12:2; Jn 5:29; Hch 24:15).

Tal vez la mayoría cree que los humanos ya son inmortales por la *regeneración*. Han "nacido de nuevo" y han recibido una nueva naturaleza que comparte la inmortalidad divina. No es ni una propiedad pasada ni una perspectiva futura, sino una posesión presente de todos los creyentes. La inmortalidad ha sido conferida en el "nuevo nacimiento", para no ser quitada nunca más.

---

2 En español, *El camino al infierno.*

Podrá notarse que este punto de vista está más cerca de la idea griega de un alma inmortal que la esperanza hebrea de la resurrección del cuerpo. Porque el cuerpo sigue siendo muy mortal, destinado a terminar en polvo o cenizas. Así que si la inmortalidad ha sido transferida al creyente en la conversión, es solo un atributo de su espíritu por ahora.

Pero la verdadera pregunta es si la vida eterna ha sido realmente transferida de alguna forma en el presente. La frase "tiene vida eterna" ha sido considerada sin excepción como algo que se posee con independencia de su fuente, y que es ahora la propiedad inalienable del creyente que no le puede ser quitada. Es una "cosa" que le pertenece ahora.

Esta no es la forma en que el Nuevo Testamento habla de la vida eterna. Es una posición más que una posesión. No es algo que se nos transfiere, sino algo que se nos comparte. No la tenemos en nosotros mismos, sino solo en Cristo. Juan lo deja bien en claro. Ya hemos notado que él escribió su Evangelio para que los lectores pudieran seguir creyendo en el Hijo de Dios y, por lo tanto, seguir teniendo vida eterna (20:31). De manera muy concreta, dice en su epístola que "esa vida está en su Hijo. El que tiene [está teniendo, sigue teniendo] al Hijo, tiene la vida; el que no tiene [no está teniendo] al Hijo de Dios, no tiene [no sigue teniendo] la vida" (1Jn 5:11-12).

Por supuesto, los textos citados hasta ahora no preguntan si es posible perder al Hijo y, por lo tanto, su "vida", habiéndolo tenido alguna vez. Pero al decir Jesús que es la vid verdadera deja muy en claro que es una posibilidad real. Después de exhortar a sus discípulos a "permanecer" (residir, seguir, continuar, quedar) en él, les advirtió lo que ocurriría a todo el que no lo hiciera. No producirían fruto, serían cortados, se marchitarían y serían arrojados a la hoguera para ser quemados. La vida no está en las ramas sino que es extraída de la vid. Solo manteniendo la unión pueden sobrevivir las ramas (Jn 15:1-6). Este es el punto en que la analogía con la naturaleza se interrumpe. Las ramas naturales son cortadas de la vid por circunstancias accidentales que están más allá de su control.

Las "ramas" humanas tienen la libre elección de quedarse o salirse de la vid verdadera. Por lo tanto, "permanecer" está en el modo imperativo, en el sentido de "decidir quedarse", una orden que pierde todo sentido si no existe ninguna alternativa.

Así que hay una ambigüedad en "tener" la vida eterna. El creyente ya la tiene (en Cristo Jesús) y aún no la tiene (en sí mismo). Por lo tanto, puede perderla si no permanece en Cristo. Pero un día la tendrá en sí mismo, cuando "se revista de inmortalidad". Entonces, y solo entonces, se convertirá en su propia posesión permanente.

Esta misma ambigüedad —casi una paradoja— se ve en la última de las suposiciones evangélicas consideradas aquí: el reino de Dios.

El reino de Dios

Ha habido un debate aún mayor entre los eruditos acerca de si el reino de Dios, reconocido abiertamente como el tema principal de la enseñanza de Jesús, es una realidad presente o futura.

Existe un amplio espectro de opiniones, que van desde el punto de vista "dispensacional" (especialmente entre los Hermanos Libres) de que el reino es futuro y mayormente judío, al punto de vista "liberal" de que el reino es un programa social y político para el mundo gentil actual. Entre estos dos extremos hay muchas otras interpretaciones que enfatizan los aspectos interiores e individuales o exteriores y colectivos.

El consenso general parece haber quedado en una cuestión de "tanto lo uno como lo otro" en vez de "éste o aquél". El reino es a la vez presente y futuro, individual y colectivo. Está aquí y ahora, pero también allá y después. Ya ha llegado y aún no ha llegado. En forma resumida se suele expresar así: el reino ha sido "inaugurado" pero aún no ha sido "consumado".

Este enfoque parece ser muy fiel a la enseñanza de Jesús, especialmente sus parábolas del reino. Un tercio de éstas retratan al reino como un proceso gradual presente, generado por la infiltración humana (por ejemplo, la levadura en un pedazo de masa). Otro tercio muestra al reino como una crisis repentina futura, producto de la intervención divina (por ejemplo, los peces en una red). El último tercio combina los dos enfoques (por ejemplo, el trigo y la cizaña). Este equilibrio asombroso no siempre ha sido logrado por los maestros de la Biblia contemporáneos.

Ha habido un vuelco, en particular entre los líderes de nuevas comunidades, desde el énfasis futuro, en su trasfondo inicial, a lo que ha llegado a conocerse como la enseñanza de "el reino ahora". Para muchos, el existencialismo ha reemplazado a la escatología. Esta tendencia ha quedado encarnada en muchas canciones actuales. Sin embargo, hay algunas señales de que ha comenzado una reacción, y esperemos que sea hacia una posición de mayor equilibrio.

Es vital entender por qué cosa estamos orando cuando decimos: "Venga tu reino . . . en la tierra como en el cielo". En particular, necesitamos tener una clara idea de cuánto del reino podemos esperar ver y por cuánto trabajar ahora, y cuánto debemos aguardar y esperar ver cuando vuelva el rey.

La pregunta crucial relacionada con UVSSS es ésta: ¿Pueden estar seguros todos los que pertenecen ahora al reino inaugurado de estar en el reino consumado?

Será útil estudiar los verbos usados para describir la participación del individuo en ambas fases del establecimiento del reino. La palabra más común para la fase actual "inaugurada" es "entrar" en el reino, mientras que la palabra habitual para la fase futura "consumada" es "heredar" el reino (Jn 3:5; Mt 25:34). Podemos ahora reformular la pregunta: ¿Heredarán el reino después todos los que han entrado en el reino ahora?

La respuesta se puede encontrar en varias admoniciones para los creyentes diseminadas en las cartas del Nuevo Testamento. Se les advierte solemnemente que si persisten en su antigua forma de vida, o vuelven a ella —las "obras de la carne"— "no heredarán el reino de Dios" (Gá 5:21 es un ejemplo).

Así que nuestra "herencia" no es ni automática ni inevitable. Tal vez quitaríamos alguna presión al debate si, en vez de discutir si podemos perder nuestra salvación nos centramos en la posibilidad de perder nuestra herencia. ¿Están tan relacionadas la herencia y la perseverancia que se sostienen o caen juntas?

Es hora de concluir este capítulo. Hemos encontrado que la salvación es un proceso continuo que está incompleto hasta que vuelva Jesús, lo cual rodea de signos de interrogación la expresión "una vez salvo". La fe y la fidelidad son tan cercanas en sus significados que son cubiertas por la misma palabra, que significa confianza y obediencia continuas. El perdón no es tan ilimitado ni tan incondicional como podemos haber pensado. La vida eterna está en Jesús más que en nosotros, por lo menos en el presente, y solo la podemos tener si permanecemos en él. Aquellos que han entrado en el reino ahora pueden no heredarlo más adelante, cuando sea establecido universalmente.

Ninguna de estas revisiones resuelve el tema de UVSSS, si bien apuntan en una dirección similar cuando son tomadas en conjunto. Lo que ha quedado claro es que nuestra comprensión de otras doctrinas puede jugar un papel significativo cuando abordamos la cuestión de la seguridad de los santos. Las presuposiciones pueden decidir el resultado de una discusión aun antes que haya comenzado. Sin embargo, su influencia es indirecta.

En última instancia, las afirmaciones directas de las escrituras deben jugar un papel decisivo. Es hora de considerarlas.

3. INDICACIONES BÍBLICAS

La expresión "una vez salvo, siempre salvo" se usa a menudo como si fuera una cita de las escrituras, y no es así. Pero, si no es una afirmación bíblica, ¿es fiel a la enseñanza bíblica?

Ya hemos dicho que la primera mitad de la frase ("una vez salvo") es muy cuestionable a la luz del énfasis del Nuevo Testamento en el proceso de la salvación, que es pasada, presente y futura, hasta el retorno de Cristo, cuando será completada.

En este capítulo, nos concentraremos en la segunda cláusula ("siempre salvo"). Abarcar toda la enseñanza de la Biblia acerca de una doctrina en un único capítulo sería imposible, a menos que fijemos límites estrictos a nuestra investigación. Lo haremos limitándonos a una pregunta sencilla: ¿qué evidencia hay de que individuos dentro del pueblo redimido de Dios pueden perder su lugar en los propósitos divinos? ¿Hay advertencias claras de que esto podría suceder, así como ejemplos obvios de dónde sucedió?

Haremos un breve repaso del Antiguo Testamento pero, por motivos obvios, nos concentraremos en el Nuevo.

El Antiguo Testamento

¿Disfrutaron todos los que pertenecieron al pueblo escogido de Dios del cumplimiento de sus promesas? La respuesta es claramente negativa.

Para comenzar, si bien Dios hizo un pacto con Abraham y sus descendientes, muchos de ellos no recibieron sus beneficios. Aun en las primeras generaciones el hijo mayor no heredó las promesas. Ismael fue el primogénito de Abraham, como lo fue Esaú de Isaac. Es claro en el último caso que perdió su herencia futura en aras de la satisfacción inmediata.

Siglos más tarde, cuando los hebreos fueron redimidos de la esclavitud en Egipto, hubo algunas reducciones trágicas de sus cantidades. Cuando recibieron los diez mandamientos en el monte Sinaí (en el día cincuenta —Pentecostés— después de dejar Egipto), ya los estaban quebrantando, inmersos en la idolatría y la inmoralidad. Como resultado, muchos perecieron pronto (¡sorprendentemente, tres mil, Ex 32:28!).

Pasarían cosas peores después. Su falta de fe en el Dios que había derrotado a los egipcios, cuando enfrentaron a los ocupantes de la tierra prometida, provocó la ruina catastrófica de toda una generación. De los seiscientos mil hombres (sin contar las mujeres y los niños) que habían salido de Egipto, solo dos (Josué y Caleb) sobrevivieron y entraron en la tierra que fue prometida a todos ellos. Aun Moisés mismo pereció debido a su airada impaciencia con el pueblo. Miles no "entraron en el reposo de Dios", como se describe a Canaán. Habían sido redimidos por la sangre del cordero (en realidad, un carnero), "bautizados" en el mar Rojo (o mar de las Cañas, más probablemente, junto al Gran Lago Amargo), provistos de agua y alimento en el desierto, guiados durante todo el trayecto por el Señor, pero igualmente no lo lograron, aunque sí sus hijos.

Aun después de establecerse en la tierra que Dios les había dado, muchos perecieron por la desobediencia, cuando el Señor usó los pueblos vecinos (en especial los filisteos) para disciplinarlos.

Hay casos de personas que conocieron la presencia y el poder de la unción del Espíritu Santo que luego perdieron ambos, desde Sansón hasta Saúl. Incluso toda una tribu de las doce (Dan) fue borrada completamente para ser reemplazada por la división de otra.

Hubo una causa para todos estos desastres: *el pecado*. Sea individual o colectivo, la desobediencia deliberada de los mandatos divinos conocidos llevó a la pérdida de muchas personas del pueblo de Dios. Dicho sea de paso, debemos recordar que el complejo sistema de sacrificios estaba ideado para pecados "involuntarios", y no preveía los pecados "inconsiderados" (es decir, intencionales, deliberados, persistentes), para los cuales la penalidad era a menudo la muerte.

Le llevó a Israel mil años, desde Abraham a David, acceder a todo lo que Dios les había prometido. A partir de un individuo, se habían convertido en una familia, una tribu, una nación y un imperio.

Le llevó solo la mitad de ese tiempo, unos quinientos años, perderlo todo. La putrefacción se instaló en un solo día, cuando el rey, que debía haber estado guiando a su ejército en la batalla, codició a una vecina desnuda y rompió cinco de los diez mandamientos para tenerla. Su propia familia fue la primera en sufrir las consecuencias, pero después de la extravagancia de su hijo y la necedad de su nieto, toda la nación quedó involucrada en la guerra civil y debilitada por una división profunda que nunca fue sanada.

A lo largo de los años de declinación, un profeta tras otro les advirtió que no presumieran de ser el pueblo elegido y escogido de Dios, ni confiaran en la circuncisión, el templo, los sacrificios, la ciudad de Jerusalén misma y su redención histórica, para estar a salvo de sus enemigos.

Los profetas les recordaron que Dios sería su Juez en el futuro tan seguramente como fue su Creador en el pasado y era su Rey en el presente. Además, su pueblo elegido, que ha recibido tanto su revelación como su redención, está *más* propenso a experimentar su juicio, que siempre se ejerce según la luz recibida.

No puede haber mucha duda de que una de las razones de su persistente indiferencia al mensaje profético era su convicción errada: "¡Una vez el pueblo de Dios, siempre el pueblo de Dios!". Simplemente no se dieron cuenta de cuán necesario era ser un pueblo santo y recto si querían seguir disfrutando de la gracia y el favor divino.

Inevitablemente, el fin llegó. Las diez tribus del norte se "perdieron" a Asiria y más tarde las dos tribus del sur fueron deportadas a Babilonia. El "exilio" duró setenta años (la tierra no había recibido su descanso cada séptimo año por cinco siglos, 2Cr 36:21). Dos generaciones completas perecieron antes que Ciro, el rey persa, les diera la oportunidad de volver.

Aun entonces, solo una pequeña proporción, unos cincuenta mil, estuvieron dispuestos a enfrentar las penurias y los peligros para reconstruir el templo de Dios, la ciudad de Jerusalén y la tierra de Israel. En cierto grado esto se logró, pero nunca recobraron su autonomía política bajo su propia monarquía. Siria, Egipto, Grecia y Roma fueron sus amos sucesivos a lo largo de cuatro siglos, durante los cuales Dios no les envió un solo mensaje ni realizó un solo milagro.

Esta es la trágica historia del pueblo de Dios en el Antiguo Testamento. Cientos de miles que una vez pertenecieron se perdieron en el camino. Solo durante un muy breve interludio parecieron heredar las promesas, que se perdieron rápidamente de nuevo.

No he dado ningún "texto de prueba" como referencia, ya que casi no es necesario. Este resumen probablemente encontraría un acuerdo universal, a pesar de su brevedad. Es obvio que podría decirse mucho más, pero los hechos básicos son incontrovertibles si se acepta el registro bíblico.

Sin embargo, ¡muchos descartarían todo esto como de poca relevancia para la discusión de UVSSS! Enfatizarían la discontinuidad entre el pacto "antiguo" y el "nuevo" para explicarlo. El antiguo estaba basado en el nacimiento físico antes que el nacimiento espiritual. La promesa era una larga vida sobre la tierra más que una vida eterna en el cielo. El Espíritu solo era dado a unos pocos individuos y, además, solo de manera fugaz, y no a todo el pueblo permanentemente.

Se acepta de buen grado que muchos sin duda perdieron el tipo de "salvación" anterior, pero la salvación posterior, bajo el nuevo pacto, es muy diferente, en especial en cuanto a que no puede perderse. Todo individuo incorporado a la iglesia (a menudo referida como la "nueva Israel", aunque cada uno de los setenta y cuatro usos de este nombre en el Nuevo Testamento se refiere al pueblo judío) será preservado hasta el fin.

Irónicamente, ¡este énfasis en la discontinuidad entre el antiguo y el nuevo pacto cuando se discute acerca de UVSSS, es usado por los mismos teólogos cuya "teología del pacto" está basada en la continuidad entre estos pactos! Solo un ejemplo es el uso de la circuncisión para justificar el bautismo de bebés. De hecho, en la práctica han fundido el antiguo y el nuevo pacto en un único "pacto de gracia". Sin embargo, se oponen a la idea de que así como muchos cayeron de aquel pacto en el período a.C. lo mismo puede ocurrir en d.C.

Su justificación para hacer una diferencia debe encontrarse en la doctrina de la regeneración. Aquellos que se apartaron del antiguo pacto simplemente no eran regenerados; no habían "nacido de nuevo" (el mismo principio se aplica consistentemente al nuevo pacto, como veremos más adelante).

Pero el concepto de "regeneración" no es un criterio adecuado para usar. Tratar de introducirla en el Antiguo Testamento es algo anacrónico, fuera de lugar porque está fuera de tiempo. Solo hay indicios de este concepto en las predicciones acerca del nuevo pacto. No hay un solo versículo que diga que alguien se apartó porque no era regenerado. Se desviaron porque fueron infieles al pacto, lo que quedó demostrado cuando dejaron de confiar y obedecer al Dios que los había redimido. Por lo tanto, es irrelevante decir que cayeron porque no fueron siquiera "una vez salvos", en el sentido del nuevo pacto.

Según los criterios del Antiguo Testamento mismo, ellos perdieron su "salvación". Quienes una vez tuvieron fe se apartaron de ella. Quienes una vez tuvieron el Espíritu lo perdieron (en ese tiempo no sabían que era una persona). Los que habían comenzado no terminaron. Los que fueron parte del éxodo de Egipto no formaron parte de la entrada en Canaán. Muchos que luego fueron al exilio nunca volvieron.

Hay un aspecto del antiguo pacto que tiene verdadera pertinencia: el "libro de la vida" de Dios. Esta es su propia lista de los nombres individuales de aquellos que él ha redimido y que un día compartirán su gloria. Muchos versículos del Antiguo Testamento sugieren claramente que los nombres que alguna vez han sido incluidos en la lista pueden ser "borrados" (literalmente, "raspados", el método de borrar la escritura en esos días). La razón de la eliminación siempre son los pecados en el pueblo de Dios (Ex 32:33). El hecho de borrar el nombre de una persona en el cielo puede resultar en que sea borrado en la tierra también (Dt 29:20). David oró que sus enemigos dentro de su propio pueblo fueran "borrados del libro de la vida" (Sal 69:28; 109:13). Cuando sus propios pecados quedaron expuestos, temió el mismo destino y rogó que fueran borrados del registro celestial (Sal 51:1, 9). Este es el milagro del perdón: los pecados son borrados del registro (Is 43:25). Esta es la opción puesta ante el pueblo redimido de Dios: tener sus pecados borrados o tener sus nombres borrados.

Los lectores probablemente sabrán que este "libro de la vida" también se encuentra en el Nuevo Testamento (Fil 4:3), así como la posibilidad de que los nombres sean borrados (Ap 3:5). Éste es solo un ejemplo de los muchos aspectos del Antiguo Testamento que son usados en el Nuevo y aplicados de manera directa a la situación de los creyentes. De hecho, la mayoría de los sucesos que hemos usado en este resumen de la trágica historia de Israel son repetidos como advertencias de un destino similar que aguarda a los creyentes infieles.

Tres autores diferentes usan el fracaso en entrar a Canaán como ejemplo de algo que podría repetirse (1Co 10:1-11; Heb 4:1-11; Jud 5). Esaú es presentado como un ejemplo de alguien que pierde una herencia (Heb 12:16). Muchas de las advertencias proféticas son retomadas en las epístolas.

Pero lo que es más sorprendente es que los castigos por ser infieles al nuevo pacto serán aún más severos (Heb 2:2-3; 10:28-31). El juicio, lejos de terminar para la familia de Dios, comenzará de hecho ahí (1P 4:17). Amós reconocería este mensaje (Am 3:2).

Tampoco debemos cometer el error de pensar que el nuevo pacto que disfruta la iglesia ha cancelado el pacto de Dios con Israel (un error muy común conocido como "teología del reemplazo"). El nuevo pacto fue hecho pensando en las casas de Israel y Judá (Jer 31:31). Bajo este pacto, los pecados de Israel pueden ser borrados (Hch 3:19).

Siempre ha habido un "remanente" fiel en Israel, y siempre lo habrá. Como pueblo, pueden haber rechazado a Dios, pero él nunca los ha rechazado. Un día "todo Israel será salvo" (Ro 11:26; la frase significa "Israel como un todo", o al menos un conjunto amplio que representa a todas sus partes; cf. 1Cr 11:1). Entonces los creyentes judíos y gentiles en Jesús pasarán a ser un rebaño bajo un Pastor (Jn 10:16). La nueva Jerusalén llevará los nombres de las doce tribus de Israel y de los doce apóstoles de la iglesia (Ap 21:12-14).

De esta excursión hacia la unidad futura de los dos pueblos escogidos de Dios, debemos volver a nuestro tema básico y preguntar si el precedente de apartarse del antiguo pacto por infidelidad se mantiene bajo el nuevo.

Las referencias que hace el Nuevo Testamento del Antiguo que acabamos de mencionar apuntan sin duda en esta dirección, pero no son en sí mismas suficientes para establecer el principio. Necesitamos además una confirmación clara y específica, que es lo que buscaremos ahora.

El Nuevo Testamento

Debe decirse de entrada que ninguna doctrina cristiana está distribuida de manera pareja a lo largo del Nuevo Testamento. Aun las principales creencias tienen que ser sintetizadas a partir de referencias dispersas, algunas de las cuales se mencionan prácticamente como comentarios al margen y accesorias a otras cuestiones más urgentes (la mayoría de los libros del Nuevo Testamento fueron escritos por razones muy prácticas).

Además, UVSSS no sería un tema importante en los emocionantes primeros días de la iglesia. ¡El divorcio no suele discutirse en la luna de miel! Uno esperaría más iluminación sobre este tema en los escritos posteriores que en los primeros, cuando la segunda generación de creyentes estaba experimentando mayores presiones sobre su fe, tanto internas como externas. Esto es justo lo que encontramos, especialmente en Hebreos y Apocalipsis.

Sin embargo, vamos a considerar las diversas vertientes de los escritos apostólicos que constituyen el Nuevo Testamento, usando el orden del canon actual excepto cuando el mismo escritor sea responsable de más de un libro (por ejemplo, el Evangelio de Juan y las cartas serán tomados en conjunto, así como las cartas de Pablo). A diferencia de la sección que cubre el Antiguo Testamento, nos concentraremos en afirmaciones específicas en vez de ver el cuadro general. Así que las referencias aparecerán de manera destacada. Cuando corresponda, se incluirá el propósito para el cual fue escrito todo el libro.

i) Mateo – Hay dos ideas erróneas acerca de este Evangelio que necesitan ser corregidas antes que consideremos los detalles.

Primero, no fue escrito exclusivamente para los judíos, si bien tiene algunas características judías. Por ejemplo, la preferencia por la expresión "el reino de los cielos" evita usar la palabra "Dios" junto con el peligro de usar su nombre en vano. La inclusión de la genealogía de Jesús hasta Abraham y la afirmación frecuente de que las profecías han sido cumplidas en él (lo cual convierte a Mateo en el libro ideal para comenzar esta continuación del Antiguo Testamento) sería atrayente para lectores judíos. Pero hay bastantes comentarios críticos acerca de ellos, y el libro concluye con un mandato de hacer discípulos de "todas las naciones", es decir, los gentiles.

Segundo, no fue escrito para incrédulos, si bien es un "evangelio". Su diferencia de los demás Evangelios es la recopilación única de dichos de Jesús en cinco "bloques" de enseñanza, de los cuales el primero es más conocido como el Sermón del Monte. Estos dichos están dirigidos exclusivamente a "los hijos del reino", los que ya son "discípulos" y pronto serán "apóstoles". El público tal vez los alcanzó a oír, ya que eran predicados al aire libre, pero su contenido está dirigido por completo a seguidores comprometidos de Jesús, quienes habían creído en él y habían, por lo tanto, "nacido de Dios".

Así que Mateo puede ser considerado como un manual de discipulado para nuevos conversos que les presenta los aspectos vitales del reino al cual pertenecen ahora: su estilo de vida (capítulos 5-7), su misión (10), su expansión (13), su comunidad (18) y su futuro (24-25). Dado que la mayoría de los discípulos en los primeros días eran judíos, no sorprende que el Evangelio sea particularmente adecuado para ellos, pero debe recalcarse que estaba dirigido a judíos creyentes, y no incrédulos.

Si se pregunta por qué Mateo puso estas instrucciones para el discipulado en el marco de un "Evangelio", la respuesta es que esto es teológicamente sólido y constantemente necesario. La ética cristiana está arraigada en la teología cristiana. La vida cristiana es la respuesta de gratitud por la gracia de la salvación. Solo podemos obrar afuera lo que Dios ha obrado adentro. Demasiado a menudo el Sermón del Monte ha sido arrancado de su contexto para ser tratado como la suma total del cristianismo, una versión tipo "hágalo usted mismo" de buenas intenciones que no necesita de ninguna redención divina. Ésta es una de las distorsiones más comunes de nuestra fe.

Estos comentarios introductorios pueden no parecer pertinentes para UVSSS, pero se vuelven significativos cuando descubrimos tres cosas. Primero, que casi todo lo que sabemos del infierno viene de los labios de Jesús. Segundo, que casi toda su enseñanza acerca del infierno se encuentra en el Evangelio de Mateo. Tercero, que todas sus advertencias acerca del infierno, excepto dos, fueron hechas a sus propios discípulos/apóstoles. Cuando señalé por primera vez estos detalles inesperados (en *The Road to Hell*), recibí cartas de lectores espantados que habían estado seguros de que estaba equivocado, ¡hasta que lo verificaron! La mayoría de los predicadores arrancan estos textos fuera del contexto para arrojarlos a los pecadores. Es significativo que las dos excepciones a la regla en la enseñanza de Jesús fueron dirigidas a fariseos, y no a "pecadores".

El Sermón del Monte, dirigido a aquellos que son insultados, perseguidos y calumniados por su relación con Cristo, contiene la mayor cantidad de referencias al terrible peligro del infierno. Cuando los apóstoles son enviados en su misión, se les dice que no temieran a los que matan el cuerpo pero no pueden matar el alma. Más bien, debían temer a "al que puede destruir alma y cuerpo en el infierno" (Mt 10:28; "el que puede destruir" tiene que ser Dios, y no el diablo, ya que él mismo es arrojado al infierno antes del día de juicio, Ap 20:10). Note que Jesús no les dijo que pusieran el temor del infierno en otros sino que lo mantuvieran en ellos mismos.

Esta aplicación de la posibilidad del infierno a los apóstoles sería suficiente por sí sola para decirnos cuál sería la posición de Mateo respecto de UVSSS. Pero hay mucho más. Él recuerda la mención de Jesús de un pecado que "no tendrá perdón ni en este mundo ni en el venidero" (12:32). Lo define como "hablar contra el Espíritu Santo", concretamente atribuir su actividad en beneficio de la humanidad necesitada al diablo mismo. Si bien en el contexto son los fariseos quienes son culpables de esta blasfemia, no hay ninguna razón por la que los discípulos no podrían cometer el mismo pecado, que es la probable razón por la que Mateo lo ha incluido.

La parábola de los dos deudores (o del siervo impiadoso, 18:21-35) ya ha sido mencionada en el capítulo 2. Su mensaje es que aun el perdón no puede darse por sentado. Puede ser quitado o cancelado si la misericordia recibida no es transferida.

Otra parábola, la del invitado a la boda que se presentó con la ropa inadecuada (22:1-14) remarca el concepto severo de que no alcanza con aceptar una invitación a la fiesta del rey. Los invitados deben cambiarse y ponerse la vestimenta adecuada. El hecho de que este hombre tuvo suficiente oportunidad para hacerlo queda demostrado por su silencio cuando fue confrontado con su negligencia. Su destino fue ser atado de pies y manos (para que no pudiera escapar), arrojado a las tinieblas, y abandonado para que expresara su pesar mediante el llanto y el rechinar de dientes (¡ciertamente una terminología infernal!). Si bien estaba dirigido a los fariseos y escribas, Mateo la incluye claramente como un mensaje para los discípulos. La aceptación de la invitación del evangelio debe ser seguida por un estilo de vida cambiado para ser admitido finalmente a la fiesta de bodas. Expresado teológicamente, es necesario agregar la santificación a la justificación. Aún más teológicamente, la justicia debe ser impartida además de imputada (ver capítulo 5).

El discurso final (24-25) es todavía más claro. Al explicar las "señales" que anunciarán su venida (desastres en el mundo, declinación en la iglesia, dictadura en el templo y oscuridad en el cielo), Jesús advierte repetidamente a sus discípulos acerca de la terrible posibilidad de decepción en cada etapa. Habrá presiones que podrían apartarlos o hacerlos abandonar, "pero el que se mantenga hasta el fin será salvo" (24:13, también encontrado en Marcos 13 y Lucas 21). Algunos han intentado calificar la palabra "salvo" de manera que tenga un significado menor —ser rescatado de las presiones— pero Jesús no promete esto. No hay ninguna razón en el texto o en el contexto por la cual "salvo" no deba ser entendido en su sentido completo y final.

Las parábolas que siguen no podrían ser más claras. Dadas en una reunión privada de discípulos, retratan al siervo fiel y prudente que cuida la casa de su amo (24:45-51), diez damas de honor que esperan al novio (25:1-13) y tres siervos a los que se les confió dinero (25:14-30), todos los cuales representan a discípulos de Jesús. En cada caso, el retorno del amo/novio se demora, aun "después de mucho tiempo", que es una prueba mucho mejor de fidelidad que la expectativa de una aparición próxima. Cuando finalmente vuelve, encuentra que algunos le han fallado, principalmente —debe notarse— por negligencia, cosas que debían haberse hecho y no se hicieron. En el único caso de maldad positiva se trata de "ese siervo", la misma persona que una vez fue "fiel y prudente" (lo cual pone punto final a quienes dicen que los fieles eran "regenerados" y los infieles "no regenerados").

Todos pertenecían al amo/novio y estaban esperando su retorno. Pero el punto culminante de cada historia es el destino de los que fueron infieles en su ausencia. El siervo que abusó de los que estaban a su cargo será "castigado severamente" (si bien esto claramente no lo mata) y destinado a tener un lugar "con los hipócritas" (Lucas dice "con los incrédulos"); "habrá llanto y rechinar de dientes", la descripción usual de Jesús del infierno. Las cinco damas de honor no preparadas para una espera larga fueron dejadas afuera en la oscuridad de la medianoche. El hombre "malo y perezoso" que enterró su moneda en vez de usarla en beneficio de otra persona —en especial su amo a quien consideraba con rencor como "duro" porque esperaba conseguir un lucro de él— es arrojado también a la oscuridad afuera donde podrá meditar sobre sus oportunidades malgastadas con "llanto y rechinar de dientes" (de nuevo, el infierno).

¡Así que los discípulos pueden ser hallados infieles cuando Jesús vuelva y pueden terminar en el infierno! Nos mueve a la reflexión recordar que Judas Iscariote estuvo entre el reducido público que oyó estas historias. Su advertencia implícita fue malgastada con él, y Judas terminó en el valle de Hinón, o Gehena, que Jesús usaba como una imagen del infierno (ver Apéndice II para más observaciones acerca de esta trágica figura).

Volviendo al Sermón del Monte por un momento, recordamos que Jesús concluyó su discurso hablando de dos árboles, dos caminos y dos casas. Al presentar estas alternativas a sus discípulos, tenía clara conciencia de que ambas eran posibilidades reales para ellos y que las elecciones incorrectas podrían llevar a la destrucción. Los mismos cursos alternativos reaparecen en algunas de las epístolas, donde están bajo las categorías de la "carne" y el "espíritu". Los creyentes pueden vivir, andar o sembrar en uno o en otro.

No puede haber mucho debate acerca de lo que pensaría Mateo acerca de UVSSS. Él diría que era contrario a todo lo que recordaba y había registrado acerca de la enseñanza de su maestro.

ii) Marcos – Este es uno de los Evangelios para incrédulos. Aparte de un discurso largo (capítulo 13), se concentra más en lo que Jesús hizo que en lo que dijo. Es, casi con certeza, un registro de la predicación de Pedro, y los hechos básicos del ministerio público, muerte y resurrección de Jesús son presentados en un estilo vivaz, similar al periodístico.

Al apuntar a promover la fe inicial, no es sorprendente encontrar muy poco material relacionado con UVSSS. Sin embargo, hay dos pasajes pertinentes.

El capítulo 4 contiene la muy conocida parábola del sembrador. Es más una alegoría (que dice varias cosas) que una analogía (que dice una sola), y describe las diversas reacciones cuando el mensaje del reino, aquí asemejado a una semilla, es predicado a un público típico, con una variedad predecible de respuestas. Esta "semilla" tiene vida en ella, y germina y crece en aquellos que la reciben gozosamente. Pero en dos de los cuatro casos esta vida no sobrevive mucho tiempo. En uno, se marchita por la superficialidad, que no puede soportar la oposición. En el otro, es ahogada por la preocupación por la riqueza y otras inquietudes mundanales. En ambos casos, la vida del reino había comenzado y luego finalizó. Es significativo que Jesús describe esto como "apartarse". El énfasis principal de la parábola es que, a pesar de estas pérdidas, la siembra sigue siendo una empresa rentable, dado que la tierra buena produce un retorno fuera de toda proporción con la cantidad perdida.

El capítulo 13, el único "sermón" largo registrado en Marcos, ha sido llamado "un pequeño Apocalipsis". Al igual que el libro homónimo, describe sucesos futuros y las presiones que vendrán sobre los discípulos de Jesús. La persecución será doméstica, oficial y universal. El contenido indica dos crisis específicas: la destrucción de Jerusalén en 70 d.C. y la "gran dificultad" (la gran tribulación) al final de la era. La similitud entre ambos, donde una prefigura a la otra, hace que aparezcan combinadas en el discurso, que no siempre es fácil de desenmarañar. Sin embargo, no hay ninguna ambigüedad en la afirmación "el que se mantenga firme hasta el fin será salvo". Tanto Mateo como Lucas parecen haber basado sus relatos en Marcos, así que los comentarios ya hechos en Mateo se aplican también aquí. No hay ninguna razón inherente por la que "salvo" deba ser tomado de ninguna manera distinta que como una referencia a la redención final del pecado. ¡Si significara rescate del sufrimiento no habría necesidad alguna de mantenerse firme hasta el fin!

Si bien Marcos tiene poco para decir respecto de UVSSS, estos indicios apuntan en una dirección contraria a esta hipótesis.

iii) Lucas/Hechos – Este es el otro Evangelio escrito para incrédulos; de hecho, para uno en particular, aquel "excelentísimo Teófilo". Este título, junto con el contenido, sugiere fuertemente que ambos tomos proveyeron un compendio legal para el juicio de Pablo ante las autoridades romanas. El énfasis en las falsas acusaciones de los judíos y la solidaridad de todos los soldados y gobernadores romanos, junto con la triple declaración de inocencia en los juicios tanto de Jesús como de Pablo, además de muchos otros rasgos, apuntan en esta dirección.

¡Difícilmente este tipo de documentos incluiría una discusión acerca de UVSSS! No obstante, un relato que afirmara ser a la vez preciso y completo, en especial respecto de la enseñanza de Jesús, con seguridad contendría algún material pertinente. Esto es justo lo que encontramos.

La parábola del sembrador (en el capítulo 8) es aún más clara en sus implicaciones que en Marcos. La semilla que cae junto al camino, tomada por "los pájaros", representa al diablo ("el príncipe de la potestad del aire", RVR60, Ef 2:2) que quita la palabra rápidamente de los oidores, "no sea que crean y se salven" (v. 12). La semilla sobre la piedra representa a los que "creen por algún tiempo" (v. 13) y, por lo tanto, presumiblemente son salvos por algún tiempo. La buena tierra son "los que oyen la palabra con corazón noble y bueno, y la retienen; y como perseveran, producen una buena cosecha" (v. 15). El verbo traducido como "retener" (*katecho*) es usado en otras partes del Nuevo Testamento para "pegarse, aferrarse firmemente"; lo mismo ocurre con "perseverancia" (*hupomone*), traducido en otras partes como "paciencia, resistencia". Todos son pertinentes a nuestro tema.

Es exclusivo de Lucas el dicho acerca de poner la mano en el arado y mirar atrás (ni siquiera retroceder, sino "solo mirar", como la esposa de Lot), que hace que una persona no sea apta para el servicio en el reino de Dios (9:62). Cuando menos, es una advertencia en contra de no terminar lo que se ha comenzado.

Luego está el peligro de que una casa vacía, después que un demonio ha sido echado, se convierta nuevamente en la habitación del espíritu malo original y otros siete de sus colegas "más malvados". Por supuesto, la situación es una de exorcismo sin salvación, pero Lucas concluye con una observación de Jesús: "Dichosos más bien los que oyen la palabra de Dios y la obedecen" (11:24-28).

Un discurso acerca de que los siervos deben estar listos para el retorno de su amo (12:35-48) amplía la versión de Mateo. Pedro pregunta si esta enseñanza es solo para los discípulos o para el público en general (versículo 41), sin recibir una respuesta directa. Lo que dice Jesús es que "el mayordomo fiel y prudente", quien seguramente representa a alguien muy especial para el amo, es la *misma* persona que abusa de sus colegas cuando su retorno se demora más de lo esperado. Su castigo estará en proporción directa con su conocimiento de la voluntad del amo: muchos o pocos azotes. Pero en ambos casos "le impondrá la condena que reciben los incrédulos" (versículo 46), que sin duda significa que era un "creyente" que ahora había perdido su lugar en la casa.

Mateo describe a los discípulos como "la sal de la tierra" (Mt 5:13), que los predicadores suelen interpretar como algo que da sabor o que preserva. Lucas nos da el pensamiento de Jesús. La sal se usaba en el campo, ya sea como fertilizante, para promover el crecimiento de buenas cosas, o en el "muladar" (el pozo negro), como desinfectante, para evitar la propagación de cosas malas (14:34-35). Pero la sal puede perder su salinidad, convirtiéndola en algo bastante inútil para ambos propósitos, y entonces es "arrojada" afuera como basura (el verbo que Jesús siempre usaba para personas consignadas al infierno; cf. 12:5.) ¿Cómo puede ocurrir esto, dado que el cloruro de sodio (NaCl) no puede cambiar sus propiedades? Cuando es adulterada y, por lo tanto, diluida con sustancias extrañas, lo que ocurre es que pierde su causticidad. De manera parecida, los discípulos pueden volverse tan mundanos que pierden su cualidad distintiva. Mateo es más claro que Lucas en cuanto a que no hay ninguna esperanza de que esta sal recobre su salinidad.

Yendo al segundo volumen de Lucas, el libro de Hechos tiene poca o ninguna contribución a nuestro estudio. Es mayormente narrativo, y la mayoría de los discursos registrados están dirigidos a los incrédulos, así que difícilmente tocarían el tema de UVSSS. Sin embargo, hay dos formas en que brinda un trasfondo necesario para nuestro estudio posterior de las epístolas, muchas de las cuales fueron escritas a iglesias fundadas durante los viajes misioneros registrados aquí.

Una forma es la exhortación repetida a los conversos instándolos a "permanecer/perseverar en la fe/fieles" (por ejemplo, 11:21-23; 13:43; 14:21-22). Hechos registra que estos pedidos eran hechos frecuentemente, pero no da ninguna razón para esto. Solo en las epístolas se describen los peligros de no ser fieles.

La otra forma es la polémica dominante sobre si la circuncisión era necesaria para los gentiles que querían seguir al Mesías judío (o, como lo llamaban en griego, el Cristo). La discusión era feroz, y se definió solo por un concilio de los apóstoles, ancianos y miembros de la iglesia de Jerusalén (capítulo 15). ¿Cuánto estaba en juego, y cuánto era un mero asunto cultural? Hechos no nos dice esto, pero sabemos que para Pablo este corte en la piel significaba cortar a una persona de Cristo y de su gracia: la pérdida de su salvación (ver abajo en Gálatas).

Así que, si bien Lucas y Hechos no hacen ninguna referencia directa a UVSSS, estas perspectivas incidentales son indicadores claros de un punto de vista compartido.

iv) El Evangelio y las cartas de Juan – Ya hemos señalado (en el capítulo 2) que el Evangelio de Juan fue escrito para creyentes, para alentarlos a aferrarse firmemente a su creencia en Jesús como el Hijo de Dios, plenamente divino además de plenamente humano. Juan escribía desde Éfeso, donde ambas creencias estaban siendo cuestionadas, a fines del primer siglo.

El uso constante por parte de Juan del tiempo continuo en el idioma griego no aparece en modo alguno en la mayoría de las traducciones en inglés-español. Como resultado, se supone en general que "creer" significa creer una sola vez, aunque debería entenderse como "estar creyendo ahora" o, aun mejor, "seguir creyendo". Esta es la clave de una interpretación correcta de versículos tan cruciales como 3:16 y 20:31.

Tomemos otro ejemplo: "Todo el que continúa comiendo mi carne y bebiendo mi sangre continúa viviendo en unión conmigo y yo en unión con él. Así como el Padre viviente me ha enviado y yo vivo gracias a mi Padre, así todo el que siga comiendo de mí vivirá [tiempo futuro] gracias a mí" (6:56-57; traducción de Charles Williams, una de las pocas en inglés que es fiel al griego).

Hay otro caso clásico relacionado con el milagro supremo de Juan, sorprendentemente omitido por los demás Evangelios: la resurrección de Lázaro. Después de decir que él era "la resurrección y la vida", Jesús revela cómo esto puede ser aplicado a otros: "todo el que vive y cree en mí no morirá jamás" (11:26). Esto podría ser parafraseado incluso así: "todo el que siga creyendo mientras siga viviendo . . ."

Algunos lectores podrán sentir que todo esto es discutible porque hay traductores confiables que han preferido no hacer aparecer este aspecto "oscuro" en sus traducciones, aunque seguramente reconocen que "cree" no es lo mismo que "creyó". Sin embargo, el punto que se destaca acá es confirmado ampliamente por afirmaciones claras y categóricas de los labios de Jesús en otras partes del Evangelio.

En un intercambio largo y revelador con "los judíos" (que en Juan significa solo los que vivían en el sur, en Judea y Jerusalén, y no los galileos del norte), Jesús hizo mucho énfasis en la necesidad de seguir creyendo en lo que él decía: "Si se mantienen fieles a mis enseñanzas, serán realmente mis discípulos; y conocerán la verdad, y la verdad los hará libres" (8:31-32; note la forma condicional de la afirmación). Más adelante, sus críticos usaron sus propias palabras en contra de él: "pero tú sales diciendo que si alguno guarda tu palabra, nunca morirá" (8:52). El significado de "mantenerse" y "guardar" es inconfundible. De hecho "mantenerse" es la traducción de una de las palabras favoritas de Juan, *meno*, que significa permanecer, quedarse, morar, residir, estar en un lugar permanente.

Esta palabra es clave para entender la relación entre Jesús y sus discípulos: él permanecerá en ellos *si* ellos permanecen en él. Esto aparece muy claramente en la analogía de la vid y las ramas (15:1-6), probablemente pronunciada mientras Jesús y sus discípulos caminaban desde el aposento alto al jardín de Getsemaní, atravesando la zona del templo frente a su enorme puerta decorativa adornada con una vid de metal forjado (compare 14:31 con 18:1; esto colocaría a la oración sumo sacerdotal del capítulo 17 en el lugar correcto, en el templo).

Independientemente de dónde fue pronunciada, sus implicaciones son inequívocas. Las ramas deben permanecer en la vid si han de seguir teniendo vida, que no tienen en sí mismas. Sin la "savia" se volverán infructíferas, se marchitarán y se morirán. Entonces serán cortadas, arrojadas y quemadas. Por supuesto, la analogía tiene un límite, como ocurre con todas las analogías. Las ramas verdaderas no tienen ninguna voluntad y, por lo tanto, carecen de opciones en el asunto; circunstancias que están más allá de su control hacen que ocurra. Pero Jesús aquí no está hablando a plantas (¡si bien podía hacerlo, y maldijo una higuera para que muriera a horas de su propia muerte!). Está hablando a sus discípulos, que tienen la opción de quedarse con él o dejarlo, de seguir viviendo en unión con su vida o partir y morir.

Uno de ellos ya había partido (13:30). Consideraremos el caso de Judas Iscariote más adelante (ver Apéndice II). Es en el Evangelio de Juan donde nos confrontamos con el verdadero enigma de este apóstol, en especial el hecho que Jesús conocía su carácter corrupto desde una etapa temprana (6:70-71). Por el momento, notemos que Jesús, en su famosa oración en esa última noche, admitió libremente que había "perdido" a uno de los doce que el Padre le había dado ("ninguno se perdió, sino . . .", 17:2).

Cuando vamos del Evangelio de Juan a sus epístolas, seguimos estando bien dentro de la esfera de los creyentes. Y existe el mismo uso del tiempo presente continuo. "¿Quién es el que vence [sigue venciendo] al mundo sino el que cree [sigue creyendo] que Jesús es el Hijo de Dios?" (1Jn 5:5).

Hay referencias más específicas a la necesidad de una conexión constante con el Señor: "Permanezca [more, quédese] en ustedes lo que han oído desde el principio, y así ustedes permanecerán [morarán, se quedarán] también en el Hijo y en el Padre" (1Jn 2:24). Note esa palabra "si"; la encontraremos frecuentemente en las cartas de Pablo.

Al evocar la analogía de la vid y las ramas, Juan recuerda a sus corresponsales que "Dios nos ha dado vida eterna, y esta vida está en su Hijo. El que tiene [está teniendo] al Hijo, tiene la vida; el que no tiene [no está teniendo] al Hijo de Dios, no tiene [no está teniendo] la vida" (1Jn 5:11-12). No podemos tener esta vida eterna en nosotros mismos independientemente del Hijo. Debemos "permanecer" en él para disfrutarla.

Hasta aquí, la carta está confirmando lo que encontramos en el Evangelio. Sin embargo, hay una contribución única a nuestro estudio en que "hay un pecado que sí lleva a la muerte" (1Jn 5:16). La carta reconoce que los creyentes pueden pecar (1:8), si bien no continuamente (3:6). Hay un remedio para estas fallas: la confesión (1:9). La recuperación de un hermano que peca es asistida por la intercesión, tanto en el cielo (2:1) como en la tierra (5:16). Pero algunos pecados son tan serios que están más allá del alcance de este tipo de oración y están bajo una sentencia de "muerte". Si bien esto podría referirse a la muerte física (por ejemplo, una acción o un hábito inmoral que ha dado como resultado una enfermedad fatal), es mucho más probable que se refiera a aquella muerte espiritual que es la penalidad por el pecado. Esto estaría más en línea con el uso normal de Juan (cf. 3:14).

La segunda carta de Juan, si bien muy breve, contiene una clara advertencia: "Cuídense de no echar a perder el fruto de nuestro trabajo; procuren más bien recibir la recompensa completa. Todo el que se descarría y no permanece en la enseñanza de Cristo, no tiene a Dios; el que permanece en la enseñanza sí tiene al Padre y al Hijo" (2Jn 8-9). Sin embargo, esto parece aplicarse al servicio más que a la salvación, a la pérdida de la recompensa antes que a la redención. El problema es adelantarse más que apartarse, yendo más allá de la enseñanza de Jesús hacia principios y prácticas supuestamente "superiores" o "más profundos" (una probable referencia a las religiones gnósticas que decían "conocer" más secretos que otras; cf. la palabra "agnóstico", que significa "no conoce"). Lo que queda claro es que ir más allá de la enseñanza de Cristo significa perder al Hijo y al Padre, no solo una recompensa por el servicio, dado que solo quien continúa en esa enseñanza tiene (está teniendo) al Padre y al Hijo.

Tanto el Evangelio como las cartas presentan un cuadro consistente. La unión con el Padre y con el Hijo debe ser mantenida por la fe y la obediencia continua del creyente. El no "permanecer" involucra la pérdida de esa vida que solo se encuentra en el Hijo.

v) Las cartas de Pablo – Antes de considerarlas en detalle, son necesarias dos observaciones preliminares.

Primero, todas sus cartas están dirigidas a "santos", creyentes nacidos de nuevo. Ni una sola está dirigida a incrédulos, o siquiera una mezcla de creyentes e incrédulos. Tampoco hay un solo rastro del concepto moderno de cristianos "nominales" o "practicantes", y mucho menos la racionalización que distingue entre la iglesia mixta "visible" y la iglesia pura "invisible". Todo esto es el resultado de iglesias que no practican la disciplina, tanto en la admisión como en la excomunión, como ocurre con muchas iglesias "establecidas" del estado que buscan abarcar a toda la población. En los primeros años, cuando era a la vez costoso y peligroso incorporarse a la iglesia, los incrédulos se mantenían bien lejos. Así que cuando Pablo usaba la palabra "ustedes" se estaba dirigiendo a los "regenerados", los que habían sido redimidos (1Co 6:11; Col 1:13-14).

Segundo, sus muchas exhortaciones a perseverar y avanzar hacia la meta y el premio contienen una urgencia que exige una explicación. A Pablo le gustaba mucho usar la palabrita "si" en esta conexión, como en las expresiones "si continúan" o "si se mantienen firmes". Esto fija nuestra atención en las consecuencias posibles si los creyentes no persisten en su llamado.

La combinación de estas dos palabras, "si ustedes", provee una clave para nuestro estudio, tanto en una forma positiva ("si continúan") como negativa ("si no continúan"). Estas afirmaciones explícitas serán decisivas, pero están respaldadas por alusiones implícitas.

Romanos – la epístola está dirigida a "ustedes, los amados de Dios que están en Roma, que han sido llamados santos" (1:7; las palabras "a ser" no están justificadas, y cambian radicalmente el significado).

El propósito por el cual Pablo les escribió es crítico para la interpretación correcta de su carta. Tiene que haber sido bastante especial, dado que él no había fundado su comunidad y ni siquiera los había visitado.

No es, como muchos han supuesto, una presentación de su evangelio para que ellos lo aprobaran y apoyaran posteriormente una misión al Mediterráneo occidental, si bien él menciona sus planes al respecto hacia el final (15:24). Fue una necesidad más urgente que ésta la que lo impulsó a escribir su carta más larga.

El hecho es que la iglesia de Roma, la capital del imperio, corría peligro de dividirse en dos denominaciones, los judíos y los gentiles, antes que Pablo pudiera llegar a ellos. Fue originalmente una comunidad mayormente judía, probablemente originada tan atrás como Pentecostés (Hch 2:10), pero su membresía cambió radicalmente a estar formada por gentiles cuando el emperador Claudio expulsó a los judíos de Roma (Hch 18:2). Se les permitió volver bajo Nerón, pero no fueron bienvenidos por los líderes gentiles de la iglesia, que incluso estaban enseñando lo que hoy se conoce como la "teología del reemplazo" (que Dios había rechazado a Israel y había reemplazado a ese pueblo por la iglesia). Toda la carta está dedicada a tratar esta situación crítica. Pablo les recuerda que todos, tanto judíos como gentiles, han pecado (3:9), que los judíos y los gentiles son justificados por la fe (3:29-30), que los judíos y los gentiles son hijos de Abraham (4:11-12), así como fueron anteriormente hijos de Adán (5:12), que los creyentes gentiles pervierten el evangelio mediante el libertinaje (capítulo 6) y los creyentes judíos hacen lo propio mediante el legalismo (capítulo 7), pero ambos necesitan vivir en la libertad del Espíritu (capítulo 8). Los capítulos 9 a 11, tratados sobre todo por los eruditos como un paréntesis, se convierten en el corazón y la culminación de la carta, como indica el cambio de tono. Pablo ha estado preparando cuidadosamente este llamado apasionado para que acepten a aquellos que Dios nunca ha rechazado. Aun la sección práctica final trata con aquellos temas que podrían causar tensiones entre los creyentes judíos y gentiles (por ejemplo, alimentos y días especiales).

El evangelio del cual Pablo no está avergonzado es el poder de Dios para "la salvación de todos los que creen" (1:16). El tiempo presente continuo significa "todos los que están creyendo ahora", "todos los que siguen creyendo". Para dejar esto completamente claro, Pablo agrega que el evangelio revela una justicia que es "de fe a fe" ("por fe de principio a fin", NVI, 1:17). Aun no satisfecho de que se ha hecho entender suficientemente, agrega la cita bíblica: "el justo vivirá por la fe" (Hab 2:4; ver el capítulo 2 para una comprensión de la "fe" en este versículo como "mantener la fe, ser fiel").

En los primeros capítulos Pablo trata con el pecado y el juicio de los incrédulos en la sociedad romana, refiriéndose a ellos en tercera persona plural ("ellos", "aquellos"). Ellos han abandonado a Dios, así que él los ha abandonado, a relaciones pervertidas y a un comportamiento antisocial (1:18-32). Ellos serán juzgados con justicia, solo por la luz de revelación que hayan recibido, por las normas de su propia conciencia y el criterio de sus acciones: "los" que han hecho el bien recibirán vida eterna y los que han hecho el mal, el castigo divino (2:7-8).

En medio de todo esto Pablo hace una acusación dramática: sus lectores (los "santos" de Roma, "ustedes") son culpables de la hipocresía más espantosa, condenando la maldad de todos los que los rodean mientras practican en secreto exactamente los mismos pecados ellos mismos (como había destacado las relaciones homosexuales entre paganos, podemos suponer que esto se estaba infiltrando la iglesia, entre otras cosas). El lenguaje de Pablo aquí es fuerte y directo: "tú . . . tú . . . tú . . ." Les asegura que el hecho de ser un creyente no otorga inmunidad del juicio. Dios no tiene favoritos. Los pecados son lo mismo en los creyentes y en los incrédulos. Si los "santos" piensan que pueden salirse con la suya están cometiendo un error fatal, ya que en realidad están "acumulando castigo contra ellos mismos" (2:5).

Más adelante en la carta, Pablo tiene oportunidad de recordar a estos "santos" que "la paga del pecado es muerte" (6:23). Este versículo se cita muy a menudo fuera de contexto y se aplica a pecadores, especialmente en sermones y en tratados "evangelísticos". El contexto, sin embargo, es la complacencia moral y la jactancia entre los creyentes. Las preguntas "¿Vamos a persistir en el pecado, para que la gracia abunde?" (6:1) y "¿Vamos a pecar porque no estamos ya bajo la ley sino bajo la gracia?" (6:15) indican el objetivo de los comentarios de Pablo en esta sección. La paga del pecado, sea algo en que persisten los incrédulos o algo en que vuelven a caer los creyentes, siempre es la muerte, el destino merecido.

Que ésta es la interpretación correcta queda confirmado por afirmaciones posteriores. "Si ustedes viven conforme a ella [la naturaleza pecaminosa], morirán" (8:13; note que "ustedes" se refiere a "santos", no a "pecadores"). Los creyentes pueden escoger entre "fijar la mente en los deseos del Espíritu" o en los de la naturaleza pecaminosa y vivir sus vidas en consecuencia, pero no pueden evitar los efectos, que son una cuestión de vida o muerte (Pablo dice lo mismo de manera aún más clara en su carta a los Gálatas, como veremos).

En este mismo capítulo él presenta el tema de nuestra herencia. "Y si somos hijos, somos herederos; herederos de Dios y coherederos con Cristo, pues si ahora sufrimos con él, también tendremos parte con él en su gloria" (8:17). La palabra "si" aparece dos veces en esta declaración, indicando dos condiciones necesarias para calificar para esta herencia gloriosa: primero, que seamos hijos de Dios; y segundo, que compartamos los sufrimientos de Cristo. Este último prerrequisito aparecerá nuevamente en nuestro estudio (en Filipenses).

El "si" más grande de Romanos aparece en la sección donde está buscando persuadir a los creyentes gentiles de Roma que compartan el sentimiento que tiene él por el pueblo judío. Él reconoce que algunas ramas de este "olivo" (si bien no todas) han sido cortadas, y que han sido injertados gentiles "silvestres" en su linaje para reemplazarlas. Pero esto nunca debería ser una excusa para una confianza presuntuosa o una complacencia arrogante. ¡El trato severo de Dios para con los incrédulos judíos y su bondad hacia los creyentes gentiles nunca debe ser considerado como permanente en ninguno de los dos casos! La posición de los gentiles entre su pueblo no es más segura que la de los judíos. Es condicional, como fue para ellos: "si no te mantienes en su bondad, tú también serás desgajado" (11:22). Continúa diciendo que los judíos *podrían* ser injertados nuevamente y se adaptarían a su propio linaje de una forma mucho más natural, y luego revela un "misterio" (en lenguaje bíblico, un secreto que puede ser revelado ahora), que un día *serán* injertados, como una nación entera.

Este párrafo por sí solo sería más que suficiente para demostrar que Pablo no creía en UVSSS. Ha hecho una afirmación categórica de que los creyentes bajo el nuevo pacto no están más seguros que los judíos bajo el antiguo: "si Dios no tuvo miramientos con las ramas naturales, tampoco las tendrá contigo" (11:21). La actitud adecuada de los creyentes gentiles ante la incredulidad judía no es la soberbia sino el temor (11:20). Al parecer, Pablo no vio nada dañino en que alguien temiera perder su lugar en el pueblo y en el propósito de Dios, ¡un sentimiento que no es compartido por los modernos sostenedores de UVSSS, quienes piensan que este tipo de temor solo puede causar un tremendo daño!

De paso, debe notarse que estos comentarios aparecen en una sección donde hay un fuerte énfasis en la predestinación. Si, como suele decirse, el decreto predestinador soberano de Dios debe significar inevitablemente su preservación de los santos, es extraño que Pablo diga lo que dice en el mismo contexto (más acerca de esta asociación de ideas en el capítulo 5).

Antes de dejar Romanos, hay un asunto más a considerar: nuestra responsabilidad por nuestros hermanos además de por nosotros. No solo es posible que seamos podados nosotros por no continuar en la bondad divina, sino que también podemos "destruir" a un hermano por quien murió Cristo imponiéndole una libertad en el comportamiento que su conciencia no le permite disfrutar aún. El exceso de escrupulosidad es propio de una conciencia débil e inmadura, pero esto debe ser respetado en vez de despreciado por aquellos que están más instruidos. El amor nunca querrá que otro sea "condenado" ante el tribunal de Cristo (14:1-23). Actuar de otra forma es "destruir la obra de Dios" y pondría tanto al destructor como al destruido bajo juicio. Estas son palabras fuertes, ciertamente, pero deben ser tomadas en serio.

1 Corintios – Esta carta sumamente práctica, que trata con una cantidad de problemas en la iglesia de Corinto, no aborda el tema de UVSSS más directamente que muchas de las otras cartas de Pablo. No obstante, hay algunas indicaciones de la posición de Pablo que surgen casi al pasar mientras aborda otros asuntos.

Al tratar con el escándalo del incesto conocido, Pablo insta a la iglesia a aplicar la sanción extrema a este "hermano" culpable (por lo tanto, se trata de un creyente): "entreguen a este hombre a Satanás para destrucción de su naturaleza pecaminosa a fin de que su espíritu sea salvo en el día del Señor" (5:5). Su pecado manifiesto y desafiante debe tener un punto final, no importa cuán drástico el medio, no solo por la reputación del evangelio sino para su propia redención. Si no es detenido, llegará al punto de no retorno y perderá su salvación. Por más desagradable que sea exponer a un hermano a la obra de Satanás de enfermedad y muerte, es sobrepasado en mucho por la consideración de su destino eterno. Si la iglesia no recurre a esta forma extrema de disciplina, este "hermano" se perderá para toda la eternidad. Mejor enfermo o muerto que perdido en el infierno.

Después de tratar con la ofensa de los pleitos entre creyentes ante jueces "inconversos" ("injustos", RVR60), Pablo vuelve al escándalo de la inmoralidad sexual en la iglesia y hace la pregunta teórica: "¿No saben que los malvados no heredarán el reino de Dios?" (6:9). De su listado de sus pecados anteriores ("y eso eran algunos de ustedes") podría suponerse que los "inconversos" son pecadores, y no santos. Pero ¿por qué habría de decir esto en una carta a los santos? Precisamente porque han estado deslizándose hacia sus caminos paganos anteriores, incluyendo visitas a las prostitutas en el burdel local (6:15-16). Que Pablo creía que este tipo de comportamiento "injusto" podía hacer perder un lugar futuro en el reino, aun para los creyentes, se confirma por un uso aún más claro de las mismas palabras en Gálatas (5:21; ver más adelante).

¡Pablo hasta reconoció que esto podría ocurrirle a él mismo! Él luchaba con los hábitos y los apetitos de su propio cuerpo, una lucha continua que distaba mucho de ser un simple entrenamiento de boxeo, "no sea que, después de haber predicado a otros, yo mismo quede descalificado" (9:27). Se han hecho intentos por reducir la seriedad de su ansiedad limitando la palabra "descalificado" al servicio en esta vida y su recompensa en la próxima. Pero esto no es fiel al vocabulario de Pablo o al contexto. El mismo adjetivo (*adikomos*) significa en otras partes que Cristo ya no está en nosotros (2Co 13:5). El contexto es aún más revelador.

Es una pena que las cartas de Pablo hayan sido divididas en capítulos, un arreglo que a menudo separa un texto de su contexto. El temor de ser descalificado de Pablo es seguido inmediatamente por el temor de la descalificación de muchos de su propio pueblo por la idolatría y la inmoralidad (10:1-13). Fueron redimidos de Egipto y bautizados para unirse a Moisés, pero no entraron en Canaán porque "la mayoría de ellos no agradaron a Dios"; en realidad, ¡todos menos dos de ellos! Su destino es a la vez un "ejemplo" y una "amonestación" para los creyentes corintios que estaban enfrentando las mismas transigencias gemelas de la idolatría y la inmoralidad. Pablo es uno de los tres escritores del Nuevo Testamento que aplican esta lección del antiguo pacto a los creyentes del nuevo. Decir que no hay ningún paralelo real quita todo sentido a la doctrina apostólica. En ambos casos, es posible comenzar bien y no terminar.

La mención de la comida y la bebida sobrenaturales disfrutadas por los israelitas ("nuestros antepasados") en el desierto, a pesar de su desobediencia, lleva a Pablo de manera natural a los abusos de la Cena del Señor en Corinto, que los llevaba a la idolatría y la inmoralidad. ¡Algunos estaban llegando temprano para comerse todo el pan y otros se estaban emborrachando con el vino! Un medio de gracia, esta comida santa, se había convertido en un sacramento de juicio, transmitiendo enfermedad y muerte en vez de salud y vida. Estos efectos, sin embargo, eran redentores en su intención, un paralelo exacto de la disciplina aplicada al ofensor incestuoso (5:5). El propósito del Señor al permitir resultados tan trágicos por participar de su mesa es simple: "pero si nos juzga el Señor, nos disciplina para que no seamos condenados con el mundo" (11:32). Esta es una referencia al día de juicio, cuando los pecadores sean finalmente rechazados y sentenciados a la segunda muerte, que significa ser arrojados al lago de fuego. Pablo está convencido de que Jesús mismo tiene conciencia plena de que los creyentes pueden compartir este destino, y está dispuesto a infligir dolor y aflicción presentes para salvarlos de esta tragedia futura. Los que acuden a la Cena del Señor son alentados a "examinarse a sí mismos", para que él no tenga que hacerlo (ver más adelante, 2Co 13:5, para más luz sobre este autoexamen).

Pasando de los asuntos éticos a los doctrinales, Pablo recuerda a los corintios los fundamentos básicos del evangelio que les ha predicado: la muerte, la sepultura y la resurrección de Jesús, predichos en las escrituras y propuestos como un remedio para los pecados. Luego agrega un gran "si". Dice (en 15:2): "Mediante este evangelio son salvos [están siendo salvos, siguen siendo salvos], si se aferran [se están aferrando, siguen aferrándose] a la palabra que les prediqué. De otro modo, habrán creído [tiempo aoristo, que suele referirse a una acción única, así que "creído" se refiere a su paso de fe inicial] en vano [que significa "sin motivo" o "sin ningún resultado"]". Pablo podría haberles dicho que en realidad nunca habían creído, pero no lo hizo porque no era lo que quería decir. Su fe inicial era muy real, pero les resultaría inútil si no era respaldada por una fe continua.

2 Corintios – Esta carta está llena de un interés personal por los creyentes de Corinto, después de las relaciones tirantes entre ellos y Pablo. "No es que intentemos imponerles la fe, sino que deseamos contribuir a la alegría de ustedes, pues por la fe se mantienen firmes" (1:24). Esta era la principal ansiedad de Pablo, que su fe pudiera volverse inestable.

Estaba "celoso" de ellos, no para que siguieran siendo leales a él sino que deseaba ardientemente que fueran fieles a Cristo. Sus sentimientos tienen mucho en común con Juan el Bautizador (cf. Jn 3:29 con 2Co 11:2); él considera a sus conversos como una novia para Cristo. Pero temía que, así como Eva fue engañada y perdió su lugar en el Edén, los corintios pudieran "ser desviados de un compromiso puro y sincero con Cristo" (11:3). Parecen demasiado dispuestos a escuchar un evangelio diferente, a recibir un espíritu diferente y a seguir a un Cristo diferente. Pablo teme que el novio no llegue a tener a su novia prometida. Este pasaje tiene poco sentido si Cristo no los puede perder.

Este temor es ampliado en una sección posterior (12:21-13:5). La continua "impureza, inmoralidad sexual y vicios" de ellos será un fracaso que lo humillará y hará que se apene y lamente haberlos perdido. Está decidido a ir y tratar con ellos firmemente a fin de impedir que ocurra esto, sin tener en cuenta los sentimientos de ellos sino reprendiendo a aquellos que quieran escuchar y quitando de en medio a los que no lo quieran hacer. Si actuara de otra forma, revelaría debilidad moral.

Mucho preferiría que se disciplinaran ellos mismos, para no tener que enfrentar la situación él mismo. Les implora que se examinen y se prueben "si están en la fe" (13:5; note el tiempo presente, "están"). No está diciendo que nunca estuvieron en la fe, sino que el haber estado no reemplaza una fe presente. El artículo definido ("la"), cuando se adjunta a "fe", indica la aceptación de la enseñanza del evangelio acerca de Cristo, más que una confianza personal en él. Apartarse de esta enseñanza es apartarse de Cristo. Él da por sentado que Cristo Jesús está en ellos, a menos que "fracasen en la prueba" ("reprobados", RVR60; esta palabra es una traducción de *adokimos*, la misma palabra que "descalificado" en 1Co 9:27, referido a sí mismo).

Sin embargo, y a pesar de sus temores muy reales, finaliza llamándolos "hermanos" en el Señor y encomendándolos con una bendición trinitaria (13:14).

Gálatas – En esta notable carta, tal vez una de sus primeras, Pablo defiende la verdadera libertad del Espíritu contra los peligros gemelos que amenazan esa libertad. Por un lado está el libertinaje, que esclaviza al pecado. Por el otro, el legalismo, que esclaviza a la ley. Estas son las dos formas en que los creyentes pueden perder su libertad, y ambas tienen consecuencias muy serias.

La forma en que el legalismo acosaba la misión de Pablo era la enseñanza posterior de creyentes judíos que decían que los gentiles que aceptaban a Jesús, el Mesías judío, debían guardar también la ley judía de Moisés, comenzando por la circuncisión. Pablo combatió esto constantemente hasta que llegó al Concilio de Jerusalén (Hechos 15). Reservó algunas de sus palabras más fuertes para los que estaban imponiendo esto sobre sus propios conversos ("¡Ojalá que esos instigadores acabaran por mutilarse del todo!", 5:12).

Lo que nos interesa a nosotros es su advertencia a los conversos que se sometían a este requisito mosaico. "Han roto con Cristo; han caído de la gracia" (5:4). Si permitían que esta parte del cuerpo fuera cortada significaría la separación de Cristo mismo. "Cristo no les servirá de nada" (5:2). Una vez más, Pablo está diciendo que desertar del evangelio que él predicaba significa perder al Cristo que les había presentado.

Pero el error opuesto al legalismo es el libertinaje, que es igualmente peligroso. No estar bajo la ley no significa libertad para pecar. La verdadera libertad es la libertad de no pecar, que solo es posible al andar en el Espíritu.

Este error —que la gracia nos permite pecar— también

acosaba la misión de Pablo, pero provenía de fuentes gentiles más que judías. Él enfrenta estos argumentos más plenamente en otra parte (Romanos 6), pero se ocupa del peligro de manera breve pero firme aquí.

El creyente se enfrenta constantemente a la elección: seguir los deseos de la carne o del Espíritu. Una cosa es muy cierta: nadie puede ser guiado por ambos a la vez, porque son en todo opuestos entre sí. Debe explicarse que "carne" no significa para Pablo el cuerpo físico sino la naturaleza pecaminosa caída que heredamos con nuestro cuerpo.

Cuando un creyente permite que su naturaleza pecaminosa sea su amo, su vida exhibirá una variedad de "obras de la carne", entre las que la idolatría y la inmoralidad figuran de manera destacada, junto con la envidia, la borrachera, la ira y otras actividades degradantes. Justo después de esta lista desagradable (5:19-20) aparece una advertencia solemne: "Les advierto ahora, como antes lo hice, que los que practican [siguen practicando] tales cosas no heredarán el reino de Dios" (5:21). Al parecer, desde el principio mismo, Pablo advirtió a sus convertidos que un retorno a su forma de vida anterior haría que perdieran su salvación final ("heredarán" está en tiempo futuro). La advertencia se repite en otra parte (1Co 6:9).

La sección final de la carta reafirma este punto con gran fuerza: "No se engañen: de Dios nadie se burla. Cada uno cosecha lo que siembra. El que siembra para agradar a su naturaleza pecaminosa ["la carne"], de esa misma naturaleza cosechará destrucción; el que siembra para agradar al Espíritu, del Espíritu cosechará vida eterna" (6:7-8). Hay que hacer las siguientes observaciones: primero, esto está dirigido a creyentes regenerados y, por lo tanto, se aplica a ellos; segundo, "siembra" está en el tiempo presente, indicando una acción continua; tercero, "destrucción" significa exactamente eso: destrucción eterna.

Las consecuencias, tanto de la buena como de la mala siembra, están en el futuro. La "cosecha" tiene lugar en la eternidad. Como para dejar bien en claro que se refiere a una siembra continua, Pablo señala que la cosecha de vida eterna que resulta de sembrar para agradar al Espíritu solo será nuestra "si no nos damos por vencidos" (6:9), otro gran "si".

Efesios – La palabra "Éfeso" no figura en alguna copias antiguas de esta carta, así que puede haber sido una circular a las iglesias de Asia. Trata con los principios generales de la creencia y la conducta, más que con problemas específicos.

Pablo advierte claramente a los "santos" que no sean "engañados con argumentaciones vanas" para que piensen que los creyentes que continúan en conductas avaras, inmorales o impuras tendrán herencia en el reino de Cristo y de Dios (5:5-6). Aun la asociación con estos estilos de vida incurre la ira divina.

Filipenses – Mientras escribía desde la cárcel en Roma para agradecer a los creyentes de Filipos por su apoyo moral y financiero, Pablo difícilmente podía resistir la oportunidad de exhortar a su congregación favorita con muchas apelaciones afectuosas.

Una de las más conocidas es "lleven a cabo su salvación . . . pues Dios es quien produce en ustedes . . ." (2:12-13). Así que la salvación involucra "acciones", tanto humanas como divinas, en cooperación. Dios puede dar tanto el deseo como la capacidad para lograr sus propósitos, pero no nos obliga a ninguna de ellas. Así como un don musical necesita ser ejercitado y disciplinado, también los dones de Dios necesitan ser apropiados y aplicados. Lo que nos interesa en este estudio es que el aspecto humano debe ser hecho "con temor y temblor". ¿Temor de qué? ¿Temblor ante la idea de qué? Debe haber algún riesgo serio involucrado que explique una reacción tan emocional. La razón es que es Dios con quien estamos cooperando. Entonces, ¿por qué necesitamos temer y temblar cuando él nos está dando tanta ayuda? Seguramente porque a quienes mucho se les ha dado, mucho se les requerirá. Dado que Dios no tiene favoritos, aquellos que hayan recibido más serán juzgados más severamente. Ya hemos visto que Pablo no tenía miedo de temer. Hay un "temor de Dios" sano, que está muy lejos del terror irracional, pero va más allá de la reverencia.

El temor de no alcanzar la meta puede paralizar, si uno permite que se convierta en una obsesión, o puede impulsar a un mayor esfuerzo, si uno responde correctamente. Que Pablo respondió de la manera adecuada a su temor de ser descalificado (1Co 9:27) queda en claro en esta carta.

Pablo nunca dio por sentada su salvación futura. Aun como fariseo su celo por la justicia era sin par, si bien él luego valoró sus logros morales como "estiércol" (¡una palabra griega burda para el excremento humano que tiene una expresión equivalente en inglés-español!). Después de arrepentirse de sus buenas obras, además de algunas malas (Ro 7:7-8), encontró la verdadera justicia en Cristo. Pero eso no significó el cese de esfuerzos de parte de él, sino solo un cambio de su dirección y de sus ambiciones. Ahora quería conocer a Cristo cada vez más, y especialmente el poder de su resurrección y la participación en sus sufrimientos.

El objetivo de este ejercicio era "alcanzar la resurrección de entre los muertos" ("si en alguna manera llegase a la resurrección de entre los muertos", RVR60, 3:11). Es sorprendente cuán pocos comentaristas están dispuestos a tomar esta declaración al pie de la letra, ¡una sorpresa que solo se ve superada cuando uno lee los argumentos complicados que usan para darle un significado completamente diferente! Esto se debe a la extrema resistencia a admitir que Pablo podría no estar absolutamente seguro de su futuro. Hay también una reticencia ante las implicaciones de que sus propios esfuerzos pudieran contribuir a su seguridad futura.

La afirmación necesita ser desenmarañada un poco, ya que a primera vista contradice la convicción de Pablo de que toda la raza humana, justos e injustos por igual, resucitarán de los muertos (Hch 24:15; cf. Jn 5:29 y Dn 12:2). Así que, ¿por qué habría de "alcanzar" Pablo lo que le iba a ocurrir de todas formas?

La solución de este enigma está en las palabras inusuales

usadas para esta ambición, que en griego incluyen dos veces la palabra "fuera". Una traducción literal sería: "así, en alguna manera, alcanzar la ex-resurrección de entre los muertos". Esto se refiere obviamente a una resurrección anterior, antes de la resurrección general. Esta terminología peculiar fue usada para la resurrección de Jesús mismo, que fue anticipada pero no fue acompañada por otras (Hch 4:2; 1P 1:3). También fue usada al referirse a la resurrección de los justos, que los judíos creían que precedería a la de los injustos (Lc 20:35). Estas dos resurrecciones son mencionadas específicamente en el libro de Apocalipsis, donde están separadas por mil años (el "milenio"), durante los cuales Cristo y los santos reinan en la tierra (Ap 5:10). "Dichosos y santos los que tienen parte en la primera resurrección. La segunda muerte no tiene poder sobre ellos . . ." (Ap 20:5-6). Esta es claramente la misma resurrección a la que Pablo se refirió en otra parte como "después, cuando él venga, los que le pertenecen" (1Co 15:23).

A partir de esta identificación, queda bastante claro que Pablo no piensa que participará de manera automática en la resurrección de los santos justos. Eso es algo que hay que "alcanzar" mediante una identificación cada vez más íntima con Cristo, especialmente con sus sufrimientos.

Que esta es la interpretación correcta, además de la más sencilla, surge muy claramente de los versos que siguen, donde Pablo se explaya sobre su determinación de "alcanzar aquello para lo cual Cristo Jesús me alcanzó a mí" (3:12). Dejando atrás el pasado y esforzándose por alcanzar lo que está delante, hará todos los esfuerzos para llegar a la meta y ganar el premio (3:13-14).

Él tiene plena conciencia de que algunos tal vez no estén de acuerdo con todo su énfasis en la necesidad de esfuerzos humanos, ¡después de toda su crítica a la salvación por obras! Así que silencia la discusión potencial con la afirmación: "Todos debemos tener este modo de pensar. Y si en algo piensan de forma diferente, Dios les hará ver esto también" (3:15; y mi oración para este libro).

Inmediatamente después de esto, Pablo escribe, con lágrimas en los ojos, que "muchos se comportan como enemigos de la cruz de Cristo . . . adoran al dios de sus propios deseos y se enorgullecen de lo que es su vergüenza. Solo piensan en lo terrenal" (3:18-19). Su dolor y las palabras que usa dejan en claro que se está refiriendo a personas dentro de la iglesia, quienes deberían tener un mejor criterio, no a los de afuera, de quienes podría esperarse esta clase de permisividad. El contexto es una apelación a "vivir de acuerdo con lo que ya hemos alcanzado" (3:16), similar a su exhortación anterior: "lleven a cabo su salvación". Una cosa es clara. Aquellos que no lo hacen, aun con relación a un hábito tan "inofensivo" como la glotonería, están arriesgándose a una consecuencia terrible: "su destino es la destrucción" (3:19).

Con razón introduce su último "por lo tanto" con un llamado a "mantenerse así firmes en el Señor" (4:1).

Colosenses - ¿Por qué nos ha reconciliado Dios con él mediante la muerte de Cristo? Para presentarnos "santos, intachables e irreprochables delante de él" (1:22). Pero aun la cruz solo puede producir este estado de perfección "con tal de que se mantengan firmes en la fe, bien cimentados y estables, sin abandonar la esperanza que ofrece el evangelio" (1:23).

La primera cosa destacable en esta declaración asombrosa es que Cristo murió para hacer posible la santidad, además del perdón. Esta verdad fundamental está contenida en muchos himnos:

> Sé del pecado la doble cura:
> Límpiame de su culpa y poder.

> Él murió para que podamos ser perdonados,
> Él murió para hacernos buenos;
> Para que pudiéramos finalmente ir al cielo,
> Salvos por su sangre preciosa.

¡El punto de vista Alfa de UVSSS cambiaría la segunda

línea de último verso a: "Sin que necesitemos ser buenos"! Es una debilidad humana común, que puede ser explotada por evangelistas sin principios, querer el perdón sin la santidad, escapar del infierno sin calificar para el cielo. A los consejeros de las cruzadas se les debe. Las respuestas serían esclarecedoras, permitiéndoles comenzar en el punto correcto.

La segunda cosa destacable es que este objetivo sigue siendo futuro. Esta inocencia perfecta es una "esperanza" aún no alcanzada. La "presentación" de estos productos de la cruz aún tiene que tener lugar. Solo puede ser posible si uno se toma firmemente a la fe, aferrándose en todo momento a la meta de la salvación.

Hay un peligro real de ser engañados (*katabrabeno* significa ser desprovisto de una premio) y cautivados para que abandonen la "firmeza de su fe" (2:4-8). El único antídoto para esta clase de ataques sutiles es: "de la manera que recibieron a Cristo Jesús como Señor, vivan ahora en él, arraigados y edificados en él, confirmados en la fe como se les enseñó, y llenos de gratitud" (2:6-7; note que "recibieron" no es la palabra usual, *lambano*, sino *paralambano*, literalmente "recibir al lado", que se usa para recibir enseñanza acerca de una persona más que recibir a una persona; después de su ascensión, los apóstoles nunca hablaron de recibir a Cristo, sino solo de recibir a la persona que había tomado su lugar en la tierra, el Espíritu Santo, algo que deberían tener en cuenta los evangelistas).

La falsa enseñanza es peligrosa, especialmente cuando es entregada con falsa modestia, que a menudo oculta una arrogancia intelectual. No solo puede "privar de esta realidad" ("prive de vuestro premio", RVR60, 2:18; cf. 1Co 9:27 y Fil 3:14), sino que puede llevar al creyente al punto donde no se mantiene firmemente unido a la Cabeza (2:19), como ya ha ocurrido con esos maestros. ¡Difícilmente podría uno perder esa "unión" si nunca existió antes!

Tarde o temprano, la decepción intelectual lleva a la decadencia moral. Pablo urge a los colosenses a ser despiadados en el exterminio de la idolatría y la inmoralidad inherentes a la naturaleza humana caída y que solían regir su estilo de vida. Es vital despojarse de las pasiones desordenadas y la avaricia ahora porque "viene el castigo de Dios" (3:6). A los creyentes no se les otorga inmunidad del juicio, especialmente si continúan con su estilo de vida anterior, ya con Dios no hay favoritismos. El pecado merecerá su ira, ya sea en incrédulos o en creyentes. Ésta es una advertencia frecuente en las cartas de Pablo (cf. Ro 2:5 y Gá 5:21).

Tesalonicenses – Como fueron escritas principalmente para corregir equívocos respecto de la segunda venida de Cristo, no deberíamos esperar que estas dos cartas nos ayuden mucho en nuestra investigación.

No obstante, en la primera carta Pablo menciona su ansiedad por sus lectores que lo llevó a buscar información acerca de su estado espiritual: "no fuera que el tentador los hubiera inducido a hacer lo malo y que nuestro trabajo hubiera sido en vano" (3:5). Más de una vez, Pablo expresó su temor de que su trabajo hubiera sido "en vano", desperdiciado, sin resultados perdurables (cf. Gá 4:11; Fil 2:16). Si hubiera creído realmente en UVSSS, esta clase de temores serían difíciles de explicar.

De hecho, Timoteo volvió con noticias alentadoras, lo que demostró que sus preocupaciones no tenían fundamento en este caso. "¡Ahora sí que vivimos al saber que están firmes en el Señor!" (3:8).

1 Timoteo – La primera y la segunda carta a Timoteo junto con la carta a Tito son conocidas, en conjunto, como las epístolas pastorales. Como tratan con los muchos problemas prácticos que enfrentaban los líderes de la iglesia, es de esperar que hubiera varias referencias a la situación de aquellos que se apartan hacia el pecado o dejan la iglesia por otras razones. Y así ocurre, lo que confirma que éstas estuvieron entre sus últimas cartas.

Hay quienes se han "desviado" del amor nacido de un corazón limpio, de una buena conciencia y de una fe sincera

(1:3-7). Otros, de manera activa, han "desechado" (RVR60) estas cosas y "han naufragado en la fe" (1:18-20). Dos de estos son nombrados, Himeneo y Alejandro, "a quienes he entregado a Satanás para que aprendan a no blasfemar". Ya hemos visto (en 1Co 5) que una sanción tan extrema tiene un propósito redentor, necesario para asegurar la salvación final. Exponer a ex creyentes al ataque físico del diablo puede parecer cruel, pero una medida tan radical es para su bienestar eterno.

Uno de los versículos más enigmáticos dice que "la mujer se salvará siendo madre y permaneciendo con sensatez en la fe, el amor y la santidad" (2:15). Esto viene después de las restricciones de Pablo sobre el ministerio de la mujer (para un estudio adicional sobre este tema sensible, ver mi libro *Leadership is male*[3], Highland, 1988). "Se salvará" se refiere a la mujer, Eva, que "una vez engañada, incurrió en pecado" (2:14), pero es vista aquí claramente como representante de todas las mujeres, y por lo tanto "ella" se convierte en "ellas" [versión NIV, en inglés] en la misma oración (lo cual descarta toda aplicación a María, la madre de Jesús). La palabra clave es, por supuesto, "salvará", y ha sido limitada a veces a un sentido físico: "mantenida sana y salva a través de los peligros del parto". Sin embargo, esto difícilmente sería la conclusión de "incurrió en pecado", que la lleva a ser "salvada" en el sentido completo. Pero la expresión "se salvará siendo madre" sería una salvación por obras incrementada, si bien hay parteras que me dicen que muchas mujeres claman a Dios durante su trabajo de parto. A mí me parece que "siendo madre" aquí debería tomarse en términos generales como una función primaria de la vida, que no es de menor dignidad o valor que el ministerio de enseñanza que Pablo acababa de negarles. Aun así, la función misma no puede salvarlas, a menos que se cumpla en fe, amor y santidad continuos. Una vez más, para Pablo hay un "si" en la salvación.

En el contexto de algunos que "abandonarán la fe" (4:1), Pablo insta a Timoteo a perseverar en la lectura, la predicación

---

3 En español, *El liderazgo es masculino.*

y la enseñanza de las escrituras a su congregación, cuidando que su vida sea coherente con sus labios: "porque así te salvarás a ti mismo y a los que te escuchen" (4:16). ¡Así que Timoteo aún no está "salvado" pero puede "salvarse"! Pablo está nuevamente pensando en la salvación en su sentido completo y final, y está por completo en línea con la enseñanza del Señor de que "el que se mantenga firme hasta el fin será salvo".

Hay otros indicios pertinentes acerca de su pensamiento. Un creyente puede ser "peor que un incrédulo" si no provee para los suyos (5:8). Una viuda cristiana que vive para el placer sensual "está muerta en vida", ya que sus deseos han superado a su dedicación (5:6). Por cierto, "algunas ya se han descarriado para seguir a Satanás" (5:15).

Algunos "se han desviado de la fe" por el "amor al dinero", que es la "raíz de toda clase de males". Los ricos deben "echar mano" (RVR60) de la vida eterna con el mismo ahínco, volviéndose ricos en buenas obras, generosos antes que avaros, buscando esa vida que es "verdadera" ("lo que en verdad es vida", LBLA), porque sobrevive en el "futuro". Su confianza debe estar en Dios, y no en el oro. Hay una ganancia mayor en el contentamiento que en la codicia (todo esto está en 6:3-19).

Aun las "discusiones profanas e inútiles" y los "argumentos de la falsa ciencia" pueden hacer que los creyentes se "desvíen de la fe" (6:20-21). El verbo tiene la connotación de un desvío involuntario e inadvertido.

Ni una sola vez Pablo siquiera sugiere que aquellos de quienes está hablando están "aun salvos por toda la eternidad, gracias a Dios" y que solo pueden perder una bonificación adicional en el cielo. Al contrario, su tono y las palabras usadas delatan una tristeza y temor mucho más profundos: que estuvieron entre los "salvados" al principio, pero no lo estarán al final.

2 Timoteo – Hay varias palabras "dignas de crédito" ("fieles y dignas", RVR60) en las epístolas pastorales, que tienen el carácter de proverbios o aforismos que resumen las realidades de la vida. Tal vez fueron usados extensamente por los primeros predicadores para plantar máximas útiles en la memoria, la propia y la de sus oyentes. Pablo las usó como recordatorios.

Una de estas (2:11-13), está basada en la palabra "si", y ya hemos aprendido cuán significativo es el uso que hace Pablo de esta pequeña conjunción. Igual de importante es el uso repetido de la segunda persona plural implícita (nosotros), lo cual no deja ninguna duda de que los creyentes, incluyéndolo a él, son el sujeto. La línea que nos concierne es la tercera: "si lo negamos, también él nos negará". En cada caso, la primera cláusula tiene que ver con el presente, y la segunda cláusula ocurrirá en el futuro ("si resistimos, también reinaremos con él"). Aquí está la clara posibilidad de que un discípulo una vez poseído por Cristo sea desposeído por él el día que sean abiertos los libros. Este dicho, citado por Pablo, es prácticamente una cita exacta de Jesús mismo: "Pero a cualquiera que me desconozca delante de los demás, yo también lo desconoceré delante de mi Padre que está en el cielo" (Mt 10:33, dirigido a los doce).

A Timoteo se le dice que aquellos que tienen la costumbre de discutir y discrepar con maestros reconocidos de la iglesia han caído en "la trampa en que el diablo los tiene cautivos, sumisos a su voluntad" (2:26). Él debe "corregirlos humildemente", esperando que se arrepientan, se despierten y escapen de las garras de Satanás. El diablo no debe retenerlos.

Los malvados embaucadores irán de mal en peor (3:13), pero Timoteo debe "permanecer firme" en lo que ha aprendido de las escrituras, las que ha conocido desde niño, sobre las rodillas de su madre y de su abuela. Toda la Escritura es inspirada por Dios y sumamente útil en el ministerio, "para enseñar, para reprender, para corregir y para instruir en la justicia" (3:16). Pero por encima de todo esto, es esencial para Timoteo mismo: "pueden darte la sabiduría necesaria para la salvación". La palabra "darte" es personal. Timoteo necesita ser salvado, plenamente y finalmente (este es el mismo concepto que 1 Timoteo 4:16).

Tito y Filemón – no contienen nada pertinente para nuestro tema.

vi) Hebreos – El propósito para el cual fue escrita esta carta anónima la convierte en el libro más pertinente en el Nuevo Testamento para nuestro estudio. Fue escrita probablemente a la iglesia de Roma (13:24) y sin duda a creyentes judíos, y es la única carta que trata de punta a punta el problema de las personas que se apartan.

El cristianismo era una religión ilegal (*religio illicita*) en el imperio romano, así que podía ser atacada con impunidad. La persecución ya había comenzado cuando esta carta fue escrita. Los cristianos habían sido insultados públicamente y encarcelados, y se les había confiscado sus propiedades (10:33-34). Si bien aún no habían "resistido hasta derramar su sangre" (12:4), el martirio era una amenaza futura. En los primeros días "sostuvieron una dura lucha" (10:32), pero la hostilidad creciente estaba haciendo que vacilaran y se preguntaran cómo podrían ellos y sus familias evitar el sufrimiento próximo.

Para los creyentes judíos, y no para los gentiles, había una forma de escapar disponible: volver a las sinagogas de donde habían venido. El judaísmo era una *religio licita* y, por lo tanto, sus adherentes estaban protegidos por la ley. Después de todo, estarían adorando al mismo Dios, ya que el Padre de Jesús era el Dios de Abraham, de Isaac y de Jacob. Había un solo problema. ¡Para ser aceptados de nuevo en la sinagoga, debían renunciar públicamente a su fe en Jesús!

Esta era la crisis detrás de la carta, en la que cada parte apunta a que estos discípulos "hebreos" "continúen" con Cristo, sin importar el costo, en vez de "retroceder" al judaísmo. El autor usa todos los recursos retóricos que puede: argumento y apelación, reprimenda suave y advertencia seria, lógica rabínica y arrebatos emocionales. Es un portento de persuasión humana y, sin embargo, está inspirada por el Espíritu.

El autor, quienquiera que fuera él o ella (Esteban y Priscila figuran entre los candidatos propuestos), intercala la exposición positiva con la exhortación negativa.

No tenemos ni el tiempo ni el espacio para analizar los argumentos minuciosos acerca de la inferioridad y la obsolescencia del judaísmo, o la superioridad y la permanencia de conocer a Jesús el Hijo, el sacerdote según la orden de Melquisedec, el iniciador y perfeccionador de nuestra fe y no solo un ejemplo de ella, como eran todos los héroes del Antiguo Testamento. Lo que más nos interesa es el destino imaginado para aquellos que, habiendo creído una vez en su Salvador y Señor, le dan la espalda bajo la presión del antagonismo.

Comenzamos por un texto muy conocido, muy usado en la evangelización: "¿Cómo escaparemos nosotros si descuidamos una salvación tan grande?" (2:3). La versión NIV, en inglés, tal vez para reforzar su aplicación a pecadores, traduce "si ignoramos una salvación tan grande". Pero "nosotros" se refiere a creyentes solamente, quienes están en peligro de "perder el rumbo" ("deslizarse", RVR60; "desviarse", LBLA) del evangelio que han oído y aceptado (2:1). Y si cada violación y desobediencia bajo el antiguo pacto ("el mensaje anunciado por los ángeles") recibió su justo castigo, las ofensas bajo el nuevo pacto también serán tratadas severamente (2:2). Note que en este sentido ambos tienen la misma base. Los infractores serían especialmente culpables por renunciar a una salvación que les llegó autenticada por señales, prodigios, milagros y dones distribuidos por el Espíritu (2:4). Haber sido testigo de todo esto y luego declararlo falso sería sin duda algo muy grave.

Como Pablo, al autor le gusta la palabra "si" o sus equivalentes. "Y esa casa somos nosotros, con tal que mantengamos nuestra confianza y la esperanza que nos enorgullece". "Hemos llegado a tener parte con Cristo, con tal que retengamos firme hasta el fin la confianza que tuvimos al principio" (3:14). Él extrae esta necesidad de perseverar de la infidelidad de sus antepasados israelitas. "Como podemos ver, no pudieron entrar [en Canaán] por causa de su incredulidad" (3:19). La misma tragedia puede ocurrir con los discípulos de Cristo. "Cuídense, hermanos, de que ninguno de ustedes tenga un corazón pecaminoso e incrédulo [como el de ellos] que los haga apartarse del Dios vivo" (3:12). Note que será imposible para ellos alejarse de Cristo y quedarse con Dios.

Canaán era un tipo, una sombra, como el día de reposo semanal, del verdadero "reposo" que Dios quiere dar al pueblo agobiado (la invitación misma de Cristo, "vengan a mí todos ustedes que están cansados y agobiados, y yo les daré descanso", es su cumplimiento, Mt 11:28). Pero "los primeros a quienes se les anunció la buena noticia [es decir, el evangelio] no entraron por causa de su desobediencia" (4:6). Podría volver a ocurrir. "Cuidémonos, por tanto, nos sea que, aunque la promesa de entrar en su reposo sigue vigente, alguno de ustedes parezca quedarse atrás" (4:1). "Esforcémonos, pues, por entrar en ese reposo, para que nadie caiga al seguir aquel ejemplo de desobediencia" (4:11). Así que "aferrémonos a la fe que profesamos" (4:14).

Muchos de los términos usados ("caer", "aferrarse") son comunes a otros escritores del Nuevo Testamento. El uso del fracaso de tantos en entrar a Canaán como advertencia para los cristianos aparece también en otras partes (Pablo, en 1 Corintios 10, y Judas). Así que no hay nada único, ni siquiera original, acá, si bien está presentado de manera más clara y enérgica.

Sin embargo, el próximo pasaje a ser considerado avanza más allá de los otros (y es reconocido por los adherentes a UVSSS como el que presenta el mayor "problema" para su posición). Ubicado por la mitad de la carta, es claramente la bisagra sobre la cual gira todo. Contiene una de las dos advertencias más severas de toda la carta, detallando el destino de aquellos que renuncian a su fe en Cristo (6:1-12; se alienta a los lectores a buscar el pasaje completo en este punto). Es necesario aclarar dos puntos importantes al encarar esta sección polémica de la carta.

Primero, está dirigido a creyentes cristianos, "aquellos que han sido una vez iluminados, que han saboreado el don celestial, que han tenido parte en el Espíritu Santo y que han experimentado la buena palabra de Dios y los poderes del mundo venidero". Una descripción como ésta en cualquier otro contexto sería considerada como una referencia a quienes habían experimentado el nuevo nacimiento. Hay expresiones similares que aparecen en otras partes (las referencias cruzadas de la Biblia nos llevan a Heb 10:32; Ef 2:18; Gá 3:2), donde no hay dudas acerca de su intención. Los intentos por aplicar las frases a no creyentes orillan el ridículo (por ejemplo, "saboreado no significa tragar"; ¡lo cual quita sentido a la invitación del salmista, "gustad, y ved que es bueno Jehová"! (Sal 34:8, RVR60). De hecho, el contexto descarta todas las racionalizaciones extrañas de este tipo. Todo el pasaje está dirigido a "bebés" espirituales, que aún se alimentaban con leche cuando deberían ser lo suficientemente maduros como para ingerir alimento sólido (5:13-14; otra vez, las divisiones en capítulos han destruido el contexto). Pero han nacido, porque si no ni siquiera serían bebés. Por lo tanto, no hay ninguna necesidad de "volver a poner los fundamentos", las necesidades básicas de arrepentimiento, fe, bautismo y el don del Espíritu mediante la imposición de manos, ni hace falta repetir la escatología básica del evangelio, la resurrección y el juicio (6:1-2). Han sido iniciados completamente y correctamente, aun cuando no hubieran madurado. Y son estos mismos creyentes los que están en mayor peligro.

Segundo, el escritor no está discutiendo si pueden perder su salvación. ¡Lo da por sentado! Está considerando si, habiéndola perdido, pueden recuperarla. Su respuesta es un "no" categórico. Es imposible que "renueven su arrepentimiento . . . aquellos que . . . se han apartado" (6:6). ¿Qué es lo que excluye la posibilidad de arrepentimiento, su condición subjetiva o su pecado objetivo? ¿Se trata entonces de que son incapaces de cambiar, o que no serían aceptados por Dios aun cuando lo hicieran?

Lo que excluye su recuperación es la naturaleza de su pecado, lo que han hecho a Cristo por encima del efecto que ha tenido el pecado sobre ellos. Si recordamos el trasfondo, su retorno a la sinagoga involucraría una disociación pública de Cristo, identificándose otra vez con los que lo habían crucificado y lo "exponen a la vergüenza pública" (6:6). Una negación pública y un alejamiento de la fe en Cristo tales están más allá de toda solución. Se han hecho muchos intentos para calificar el carácter permanente de esta situación. Pero los versículos siguientes confirman el significado obvio.

Se usa una metáfora agrícola como ilustración. La tierra que recibe lluvia y que produce una cosecha es bendecida. La tierra que solo produce espinos y abrojos inútiles corre peligro de ser maldecida. "Acabará por ser quemada" (6:8; el mismo destino de las ramas que no permanecen en la vid y no producen frutos, Jn 15:6). Ni la bendición ni la maldición son inherentes a la tierra; ambas le son conferidas por Dios. Él espera recibir un retorno digno de aquellos sobre quienes ha derramado su favor.

A fin de suavizar el impacto que tiene que haber significado todo esto para sus corresponsales, el autor agrega que "en cuanto a ustedes, queridos hermanos, aunque nos expresamos así, estamos seguros [¿él y sus colegas apostólicos?] de que les espera lo mejor" (6:9). Esto no debería verse de ninguna forma como una sugerencia de que nunca podría ocurrirle a alguien. Su confianza está limitada al "caso" de ellos (DHH), y la expresión "estamos seguros" significa "nos han asegurado" (¿había alguien informado que la situación no era tan mala como él temía?).

Sea como fuere, su exhortación final deja muy en claro que la seguridad eterna de ellos está en sus propias manos. "Deseamos, sin embargo, que cada uno de ustedes siga mostrando ese mismo empeño [en el trabajo, amor y ayuda al pueblo de Dios que ha demostrado anteriormente] hasta la realización final y completa de su esperanza [un concepto que también encontraremos en 2 Pedro]. No sean perezosos; más bien, imiten a quienes por su fe y paciencia [literalmente, "mucho sufrimiento"] heredan las promesas" (6:11-12). Una vez más, la perseverancia y la herencia están unidas inseparablemente.

En rigor, esta advertencia ha tratado solo con el pecado extremo de deshonrar públicamente a Cristo al renunciar a la fe en él, lo que muchos denominan "apostasía". De aquí vamos a otra advertencia que es, en cierto sentido, más seria, ¡ya que no cubre ningún pecado en particular sino cada pecado en general!

La versión NVI titula toda la sección (10:19-39) "Llamada a la perseverancia". Comienza con tres exhortaciones: "acerquémonos . . . con la plena seguridad de la fe, mantengamos firme la esperanza que profesamos, no dejemos de congregarnos".

Luego viene la bomba: "Si después de recibir el conocimiento de la verdad pecamos obstinadamente, ya no hay sacrificio por los pecados. Sólo queda una terrible expectativa de juicio, el fuego ardiente que ha de devorar a los enemigos de Dios" (10:26-27). Podría pensarse que el autor está simplemente afirmando que aquellos que han oído el evangelio y lo han rechazado se dirigen al infierno. Que éste no es el significado se ve cuando se lo estudia más detalladamente. Nada en toda esta carta está dirigido a incrédulos. El sujeto implícito "nosotros" en estos versículos corresponde al "nosotros" de los versículos previos. El "conocimiento" de la verdad incluye, por lo tanto, una experiencia salvadora de ella.

La confirmación de que su intención es advertir a los miembros del pueblo de Dios se encuentra en el paralelo que traza con la ley de Moisés, bajo la cual el trasgresor era ejecutado "irremediablemente". Cuánto más severo será el castigo para el que "ha pisoteado al Hijo de Dios, que ha profanado la sangre del pacto por la cual había sido santificado [note que esto solo puede referirse a alguien que ya ha sido "separado" al aceptar el evangelio], y que ha insultado al Espíritu de la gracia" (10:29). Estas acusaciones tan fuertes están reservadas para santos que traicionan su llamado (cf. 6:6).

El autor demuestra tener un amplio conocimiento del Antiguo Testamento, y es casi seguro que era un "hebreo" él mismo. En esta sección está reflejando la ley de Moisés en el libro de Levítico, cuyos muchos sacrificios cubren pecados "involuntarios", pero no pecados "inconsiderados", planeados y ejecutados deliberadamente. Con razón concluye así: "¡Terrible cosa es caer en las manos del Dios vivo!" (10:31; un versículo neutralizado efectivamente por muchos predicadores que agregan: "pero aun peor es caer fuera de ellas").

Sigue una exhortación final: "Así que no pierdan la confianza, porque ésta será grandemente recompensada. Ustedes necesitan perseverar para que, después de haber cumplido la voluntad de Dios, reciban lo que él ha prometido" (10:35-36).

Luego aborda la situación de aquellos que no perseveran: "Pero mi justo vivirá por la fe [Habacuc 2:4 nuevamente, donde "fe" significa "fidelidad"]. Y si se vuelve atrás, no será de mi agrado" (10:38). Este escritor revela tener alguna experiencia en navegación y usa varios términos náuticos: "ancla" (6:19), "perder el rumbo" ("ir a la deriva", 2:1) y aquí, "volver atrás", un término técnico para arriar las velas, reduciendo la velocidad del barco hasta que se detiene, donde está a la merced de la marea y el viento sin un ancla, y podría ser arrojado contra las rocas. Que esta posibilidad está en mente surge del versículo siguiente: "Pero nosotros no somos de los que se vuelven atrás [arrían las velas] y acaban por perderse [naufragan], sino de los que tienen fe y preservan su vida (literalmente, "fe para posesión de vida"). Note que se trata de la misma persona en todo momento: "mi justo . . . si se vuelve atrás". Algunos traductores traviesos, que creen que un justo que vive por la fe no puede volverse atrás han ampliado la palabra "si" a "si alguno" (el sucesor de Calvino, Beza, hizo esto; ver capítulo 4).

La importancia del capítulo 10 es mucho más seria que el capítulo 6. *Cualquier* pecado en que uno persista de manera voluntaria después de ser confesado y perdonado, es potencialmente peligroso. Sin perseverancia moral, no puede haber herencia.

De esta sección fuertemente negativa, la carta pasa al

ejemplo positivo, a la exhortación y al aliento, si bien la nota negativa sonará de vez en cuando.

Al hacer una lista de los héroes de la fe de Israel, quienes en cada caso demostraron su fe por sus acciones (como Santiago, Hebreos enseña que "la fe sin obras está muerta"), se enfatiza su perseverancia: "conforme a la fe murieron todos éstos" (RVR60, "todas estas personas seguían viviendo por fe cuando murieron", NIV, 11:13). No vivieron lo suficiente como para recibir la herencia prometida, pero murieron creyendo que un día sería suya, lo cual se cumplirá. Pero solo llegarán a la perfección junto con los creyentes cristianos (11:40, NVI, nota al pie). Con tal multitud de testigos observándonos desde las gradas, "corramos con perseverancia la carrera que tenemos por delante", fijando nuestra vista en Jesús en la línea de llegada en vez de fijarnos en los espectadores (12:1-2). Necesitamos "considerar a aquel que perseveró frente a tanta oposición por parte de los pecadores, para que no se cansen ni pierdan el ánimo" (12:3).

Si bien las aflicciones más desalentadoras vendrán de parte de los hombres, algunas vendrán de Dios, quien disciplina y castiga a sus verdaderos hijos porque los ama y quiere que alcancen su mayor potencial. La disciplina paternal produce "cosecha de justicia y paz" (12:11). Es un desafío a la madurez, un tiempo de "renovar las fuerzas de sus manos cansadas y de sus rodillas debilitadas" (12:12); un llamado a "buscar . . . la santidad, sin la cual nadie verá al Señor" (12:14).

Aquí está la aseveración más categórica en el Nuevo Testamento de la absoluta necesidad de santidad, además de perdón, para la visión última de Dios mismo (cf. "lo verán cara a cara", Ap 22:4). Este versículo por sí solo descarta la perspectiva Alfa de UVSSS. Es seguido inmediatamente por la terrible posibilidad de "dejar de alcanzar la gracia de Dios", si uno permite que tome control una raíz amarga. Esaú es un buen ejemplo, ya que perdió la gracia de Dios al cambiar su "herencia" futura por la satisfacción inmediata de sus necesidades físicas. Si bien luego se llenó de pena y remordimiento, no pudo cambiar la perspectiva que lo había llevado a hacer la elección incorrecta.

No tomar en cuenta una advertencia terrenal es peligroso, pero ignorar una advertencia celestial es fatal (12:25). No puede haber escapatoria alguna de las consecuencias. ¿Está el autor aquí diciendo que su carta es una alarma profética de Dios mismo? Él recuerda a sus lectores que Dios no ha cambiado desde los días de Moisés; sigue siendo "fuego consumidor" (12:29, citando Dt 4:24), que siempre debe ser adorado "con temor reverente" (algo casi olvidado por completo en muchos de nuestros cultos informales de hoy).

Estas "palabras de exhortación" (13:22) finalizan con una serie de indicaciones muy breves: no se dejen llevar por enseñanzas extrañas, ofrezcan continuamente un sacrificio de alabanza, no se olviden de seguir haciendo el bien.

Todo el que lea esta epístola entera por primera vez, con una mente imparcial, difícilmente deje de llegar a la conclusión de que los creyentes pueden perder todo lo que han encontrado en Cristo. Aun los que creen en UVSSS tienen que admitir que la epístola contiene pasajes "difíciles" que parecen contradecir su teoría. Sus explicaciones ingeniosas para hacer que encajen disminuyen inevitablemente el impacto de las advertencias solemnes, reduciendo o aun quitando el temor de que lleguen a ser verdad alguna vez (ver los comentarios finales en este capítulo).

vii) Santiago – Esta carta muy práctica, con afinidades con el libro de Proverbios y el Sermón del Monte, parece estar dirigida a los creyentes judíos de la "diáspora" (la dispersión).

Cuando somos tentados, no debemos culpar ni a Dios (que no tienta a nadie) ni al diablo, si caemos en pecado. La raíz debe encontrarse en nuestros propios malos deseos (1:12-16). Solo porque la tentación se adhiere a estas cosas podemos ser seducidos y arrastrados. Entra en funcionamiento una inevitable cadena de causa y efecto. Cuando concibe el deseo, nace el pecado. El pecado, cuando ha crecido, a su vez da a luz: a la muerte. Note que el pecado es fatal, no de inmediato, sino finalmente. No debemos engañarnos en esto. El resultado final del pecado desarrollado, aun en creyentes, es la "muerte" (espiritual, más que física, ya que todos los cuerpos tienen que morir, de todos modos).

Así que Santiago exhorta a sus lectores a "despojarse de toda inmundicia y ... recibir con humildad la palabra sembrada en ustedes, la cual tiene poder para salvarles la vida" (1:21). Él está pensando en el proceso de la salvación en su aspecto presente y futuro más que en su comienzo en el pasado. Solo oír esta palabra no tendrá ningún efecto; "perseverar en ella" hará toda la diferencia (1:23-25).

Estaremos considerando nuevamente la sección crucial sobre la fe y las obras (capítulo 5). Dicho sea de paso, notamos que la fe no es algo que pensamos o decimos, sino algo que hacemos. La fe sin acciones es tan muerta como un cadáver, incapaz de salvarse a sí mismo, y mucho menos a ninguna otra persona (2:14-26).

En el capítulo final, leemos el caso de un "hermano" cristiano que se extravía de la verdad, y vuelve a merecer el adjetivo de "pecador" (5:19-20). Otro cristiano que traiga a la oveja perdida de vuelta al redil (cf. Mt 18:12-14) "cubrirá muchísimos pecados", supuestamente al hacer que sean perdonados u olvidados, y lo "salvará de muerte". Otra vez, el pecado en un creyente podría llevar a la penalidad última si no es tomado a tiempo (cf. 1:15).

viii) 1 Pedro – No hay nada que esté relacionado directamente con nuestro tema en esta carta, lo que no es sorprendente, ya que fue una carta temprana escrita a creyentes muy nuevos.

ix) 2 Pedro – Todo lo contrario, ya que fue escrita mucho después, a discípulos de segunda generación.

Se los insta a "asegurarse del llamado de Dios, que fue quien los eligió"; en términos simples, el llamado no está tan seguro sin su cooperación. Pueden hacer esto "esforzándose" en complementar su fe con virtud, entendimiento, dominio propio, constancia, devoción a Dios, afecto fraternal y amor. Esto no solo los hará más efectivos y productivos en esta vida sino que asegurará que "no caerán jamás"; antes bien, "se les abrirán de par en par las puertas del reino eterno de nuestro Señor y Salvador Jesucristo" (1:5-11). Ser llamados y elegidos por el Señor nos da la oportunidad de tener un lugar en su reino, pero tenemos que hacer nuestra parte para asegurarnos de ese lugar. Es difícil ver de qué otra forma puede entenderse este pasaje.

El Señor ha hecho todo lo posible para que podamos heredar sus promesas, fuera de forzarnos a recibirlas en contra de nuestra voluntad. "Su divino poder . . . nos ha concedido todas las cosas que necesitamos para vivir como Dios manda" (1:3). Aprovechar estos recursos es nuestra responsabilidad. Si no lo hacemos, nuestro llamado y nuestra elección no pueden estar firmes.

En un pasaje llamativamente paralelo a la carta de Judas (ver más adelante), se recuerda a los lectores que Dios nunca perdona a los culpables, desde los ángeles del cielo hasta los habitantes de Sodoma y Gomorra (2:4-6). Al mismo tiempo, pudo "librar" a individuos justos (como Lot) de la destrucción general.

El trasfondo de estos ejemplos es la insinuación de una enseñanza pervertida en las iglesias, que alentaba justamente el mismo tipo de conducta por las que Dios no perdonó ni a ángeles ni a ciudades. Los maestros responsables habían estado alguna vez entre los redimidos, pero habían vuelto a su estilo de vida anterior, sin duda justificándolo en términos de la "libertad" cristiana, o la libertad de la ley (conocido técnicamente como "antinomianismo", o simple anarquía). Son como fuentes "sin agua" que en un tiempo fluían y refrescaban a quienes bebían de ellas.

Pedro hace algunas observaciones muy significativas acerca de ellos que podrían aplicarse también a todo creyente que los siga en el error. "Si habiendo escapado de la contaminación del mundo por haber conocido a nuestro Señor y Salvador Jesucristo, vuelven a enredarse en ella y son vencidos, *terminan en peores condiciones que al principio*. Más les hubiera valido no conocer el camino de la justicia, que abandonarlo después de haber conocido el santo mandamiento que se les dio" (2:20-21). ¿Cómo podrían estar "en peores condiciones" si UVSSS es cierto? Igualmente irían al cielo, aun sin una recompensa, ¿no es cierto? No, alguien que comenzó el camino cristiano pero luego volvió a su vida anterior *está* peor, porque será juzgado y castigado más severamente que aquel que nunca conoció este "camino de la salvación". Dios es justo, y la justicia exige que seamos juzgados según el conocimiento que hemos tenido del bien y del mal. Aquellos que nunca han conocido serán juzgados más benévolamente que los que han conocido (cf. Lc 12:47-48).

Los falsos maestros pueden incrementar su credibilidad citando las escrituras y diciendo que explican los pasajes difíciles, especialmente en las cartas de Pablo, que "los ignorantes e inconstantes tergiversan, como lo hacen también con las demás Escrituras, para su propia perdición" (3:16). Note que las epístolas de Pablo ya estaban clasificadas como "Escrituras", junto con el Antiguo Testamento, para cuando 2 Pedro fue escrita, ¡y que algunas partes de ellas ya estaban demostrando ser "difíciles de entender"! La exhortación final es, por consiguiente, apropiada: "Así que ustedes, queridos hermanos, puesto que ya saben esto de antemano, manténganse alerta, no sea que, arrastrados por el error de esos libertinos, *pierdan la estabilidad y caigan*" (3:17).

x) Judas – escrita por Judas, el medio hermano de Jesús, esta carta aborda una situación muy similar a la expuesta en 2 Pedro. ¿Será que ambos escritores discutieron el problema entre ellos antes de escribir a sus respectivas congregaciones?

Judas también recuerda a sus lectores que Dios no perdonó a los ángeles rebeldes o a las ciudades decadentes como Sodoma y Gomorra. Pero deja en claro el argumento al encabezar su lista de juicios con el recordatorio de que "el Señor, después de liberar de la tierra de Egipto a su pueblo, destruyó a los que no creían" (v. 5). Aquellos que fueron "liberados" fueron "destruidos", antes que pudieran heredar la tierra prometida. Esta es la tercera vez que este suceso crítico del Antiguo Testamento es usado como una advertencia para los creyentes del Nuevo Testamento (las otras fueron en 1Co 10 y Heb 4).

Los falsos maestros estaban corrompiendo el credo, la conducta, el carácter y la conversación de la iglesia. Algunos miembros todavía tenían dudas acerca de su enseñanza, y otros se habían dejado engañar por ella. Era urgente "arrebatarlos del fuego" (v. 23), antes que fuera demasiado tarde. Por fortuna, un buen número la habían percibido como una invasión peligrosa y divisiva. A éstos se les exhortaba que se mantuvieran en el amor de Dios, edificándose en su fe santa, orando en el Espíritu (vv. 20-21) y, sobre todo, fijándose en aquel "que puede guardarlos para que no caigan, y establecerlos sin tacha y con gran alegría ante su gloriosa presencia" (v. 24).

xi) Apocalipsis – Si bien el apóstol Juan lo puso por escrito, no estudiamos este libro junto con su Evangelio y sus cartas porque no refleja de modo alguno su propia mente o memoria. El contenido fue dado por Dios a Jesús, quien lo transmitió mediante el Espíritu a los ángeles, quienes lo comunicaron a Juan. Mientras languidecía en una cárcel aislada, Juan recibió una serie de imágenes audiovisuales con la orden de poner por escrito todo lo que escuchara y viera, lo cual explica el estilo y el vocabulario muy diferentes (imagine tratar de poner por escrito todos los detalles de una película mientras la está mirando). Once veces estuvo tan compenetrado con lo que veía y oía que se le tuvo que recordar que lo escribiera todo.

Por sobre todo, es la "revelación [literalmente "remoción del velo"] de Jesucristo" (1:1), lo más cerca que estuvo Jesús de escribir un libro o una carta. Es su mente, y no la de Juan, la que se revela aquí. Juan fue simplemente un amanuense (la palabra para un secretario a quien se le dictaba una carta; cf. Ro 16:22).

Esta es la *forma* en que llegó a escribirse, pero una cuestión más importante es la *razón* por la que se escribió. Es muy similar a la razón por la que se escribió la carta a los Hebreos: una persecución inminente, esta vez a las siete iglesias de Asia. Juan ya está sufriendo el exilio "por causa de la palabra de Dios" (1:9). Es casi seguro que fue escrita hacia el final del primer siglo, cuando Domiciano había ascendido al trono imperial y había ordenado a todos los ciudadanos que le ofrecieran incienso y oración una vez al año, con las palabras "César es Señor". La fecha anual en la que tenía lugar esta adoración forzosa se llamaba "el día señorial", justamente el día en que fue dada la "Revelación" (en 1:10, "Señor" es un adjetivo, y no un sustantivo; el artículo definido es enfático, y el domingo siempre se menciona en el resto del Nuevo Testamento como "el primer día de la semana").

Esto ponía a los miembros de la iglesia primitiva ante su mayor prueba de fidelidad a Jesús: negarlo o morir por él. Apocalipsis fue escrito para prepararlos para esta próxima crisis, que las siete iglesias tendrían que enfrentar sin la presencia del único apóstol sobreviviente de los días cuando Jesús estuvo sobre la tierra.

Este propósito se detalla en el corazón del libro: "¡En esto consiste la perseverancia de los santos, los cuales obedecen los mandamientos de Dios y se mantienen fieles a Jesús!" (14:12). Es significativo que el llamado ocurre justo en el medio del peor tiempo por delante, la "gran tribulación", o gran aflicción, lo cual contradice la falsa ilusión generalizada de que la iglesia será "arrebatada" al cielo antes que comience esto (para una discusión completa sobre esto y otras cuestiones importantes de Apocalipsis, ver mi libro, *Cuando vuelva Jesús*, publishing details).

Los santos no solo son llamados a "ser constantes" sino a "vencer", así como su Señor y amo había vencido (3:21). Esta palabra es la clave para todo el libro, y lo recorre del principio al fin. Apocalipsis está escrito para creyentes comunes (¡no profesores de teología!) y para un propósito muy práctico: convertir a los creyentes en vencedores. Pero hay tentaciones internas a vencer además de la oposición externa. Las transigencias en la creencia y en el comportamiento dentro de la iglesia deben ser vencidas antes que puedan ser vencidas las presiones de la persecución en el mundo. Así que las cartas a las siete iglesias acerca de su condición presente se dan antes de las predicciones sobre las aflicciones futuras que vendrán.

El aliento positivo para vencer se da en la forma de recompensas prometidas: comer del libro de la vida en el paraíso de Dios, reinar con Cristo, ser vestidos de blanco, no ser dañados por la segunda muerte, etc. Pero hay una suposición y una enseñanza generalizadas de que estas cosas son la herencia de los creyentes pase lo que pase, independientemente de que venzan o no. Así que, ¿está Jesús solo recordándoles lo que obtendrán automáticamente? Al contrario, el significado llano de estas recompensas prometidas es que serán dadas *solamente* a los creyentes vencedores, aquellos que perseveren en la lucha y triunfen sobre todo lo que quiera arrebatarles su futuro.

Esto queda confirmado por dos afirmaciones específicas. "El que salga vencedor . . . jamás borraré su nombre del libro de la vida". Si el lenguaje tiene algún significado, la implicación es que el que no salga vencedor, sino que sucumbe, corre peligro de que su nombre sea borrado. Hemos notado anteriormente (en el capítulo 3) que los nombres pueden ser "borrados" del "libro de la vida". De hecho, podría decirse que todo el objetivo de Apocalipsis es mantener los nombres de los creyentes en ese libro, que será abierto el día del juicio; todos aquellos cuyos nombres no estén ahí serán arrojados al lago de fuego (20:15).

La otra afirmación se encuentra cerca del final del libro. Después de anunciar un cielo y una tierra flamantes, donde no habrá más muerte, ni llanto, ni lamento ni dolor (21:1-4), se afirma claramente que "el que salga vencedor heredará todo esto . . . pero los cobardes, los incrédulos, los abominables, los asesinos, los que cometen inmoralidades sexuales, los que practican artes mágicas, los idólatras y todos los mentirosos recibirán como herencia el lago de fuego y azufre. Ésta es la segunda muerte" (21:7-8). Note primero que son los vencedores, antes que los creyentes, quienes heredarán y habitarán el universo re-creado. La lista de los que son descalificados y enviados al infierno suele descartarse como una referencia a pecadores no salvados, pero éste es un error fundamental. Todo el libro de Apocalipsis está dirigido a miembros creyentes de siete iglesias. Las cartas a ellos (Ap 2-3) revelan que la idolatría y la inmoralidad ya estaban corrompiendo sus comunidades. Y la crisis inminente de morir por Cristo o negarlo explica por qué la cobardía encabeza esta lista de transgresiones y por qué la mentira la cierra.

Esta clara advertencia de que los creyentes transigentes pueden terminar en el infierno viene de los labios de Jesús y es coherente con el hecho de que la mayoría de sus advertencias acerca del infierno fueron dirigidas a sus propios discípulos (ver los comentarios anteriores sobre el Evangelio de Mateo). Ni es tampoco la última en el libro de Apocalipsis; hay dos más. "Nunca entrará en ella [la "nueva Jerusalén"] nada impuro, ni los idólatras ni los farsantes" ("No entrará en ella ninguna cosa inmunda, o que hace abominación y mentira", RVR60, 21:27; ¿incluye esta última frase la negación pública de Cristo?). Afuera quedan "los perros, los que practican las artes mágicas, los que cometen inmoralidades sexuales, los asesinos, los idólatras y todos los que aman y practican la mentira" (22:15). Pedro también se refirió a un creyente que volvió a su estilo de vida corrupto anterior en términos similares: "el perro vuelve a su vómito" (2P 2:22).

El antepenúltimo versículo del libro, y en realidad de toda la Biblia, es la última referencia a la posibilidad de que uno puede perder su herencia futura. "Y si alguno quita palabras de este libro de profecía, Dios le quitará su parte del árbol de la vida y de la ciudad santa, descritos en este libro" (22:19). Esta es una palabra para los creyentes. Fuera del hecho de que es más probable que los incrédulos ignoren el libro y no que lo alteren, la palabra "quitará" solo puede aplicarse a alguno que ya ha tenido parte en él. Con esta "última palabra" inequívoca, concluimos nuestro estudio de las escrituras.

Ha surgido un patrón consistente, tanto en el Antiguo como en el Nuevo Testamento, así como en cada escritor y en la mayoría de los libros en este último Testamento. Es una selección imponente de evidencias, imposibles de ignorar. Por lo tanto, quienes discrepan con nuestros hallazgos tiene que ofrecer una "explicación". De hecho, se ofrecen dos líneas de razonamiento para arrojar una luz muy diferente sobre todos estos textos. Una es bastante sencilla; la otra, muy sutil.

La "explicación" *sencilla* es que todas estas advertencias están dirigidas en realidad a incrédulos que estaban engañándose a sí mismos o a otros en el sentido que eran realmente creyentes. En otras palabras, ¡el peligro de perder la salvación está dirigido solo a aquellos que nunca la tuvieron en primer lugar! No han sido "regenerados", nunca "nacieron de nuevo".

Esto supone que la iglesia primitiva estaba tan repleta de cristianos "nominales" y "practicantes" como la iglesia de hoy. Pero la distinción entre la iglesia mixta "visible" (compuesta por creyentes e incrédulos) y la iglesia pura "invisible" (compuesta solo por creyentes nacidos de nuevo) es una racionalización posterior, de la que no hay ningún indicio en el Nuevo Testamento. Suele hacerse referencia al trigo y la cizaña que crecen juntos, pero Jesús dejó en claro que el "campo" donde crecían era "el mundo", y no la iglesia (Mt 13:38).

El hecho es que ni un solo contexto contiene la menor indicación de que estas advertencias estaban dirigidas a los "no regenerados" o que estaban hechas para exponerlos. Todos los libros del Nuevo Testamento, excepto tres, fueron escritos para aquellos que habían encontrado "el Camino" y habían comenzado a transitarlo.

Esta solución simple de todos estos "pasajes problemáticos" es atractiva para los que buscan una forma fácil de descartarlos e ignorarlos. Los estudiantes más serios de las escrituras admiten que están dirigidos a santos antes que a pecadores. Ellos ofrecen un argumento mucho más sofisticado, que es bastante alucinante.

La "explicación" *sutil* es que todas estas advertencias son hipotéticas. Los peligros nunca podrían ocurrir en realidad. Las advertencias son "existenciales". Tienen un efecto en el presente, aun cuando no tengan ninguna realidad futura.

En otras palabras, Dios da estas advertencias para asustarnos y tengamos perseverancia, aun cuando sabe que él nunca nos rechazaría. Algunos llegan aún más lejos y dicen que todos los verdaderamente regenerados harán caso de estas advertencias, así que es imposible que alguno se pierda. Por lo tanto, cumplen una función esencial en la "perseverancia de los santos".

¡El único problema con esta solución es que convierte a Dios en un mentiroso! Nos está asustando para que tengamos santidad con amenazas irreales. Además, una vez que uno se da cuenta de que la amenaza nunca será cumplida en realidad, la advertencia pierde gran parte de su fuerza. ¡Se trata de decir a los santos que pueden perder su salvación, aun cuando no pueden perderla!

Tanto la explicación sencilla como la sutil están basadas en una gigantesca decepción, humana en un caso y divina en el otro. El lector debe decidir si el Dios de la verdad permitiría tales ambigüedades en su Palabra. Más bien, deberíamos suponer que él dice lo que dice y quiere decir lo que dice.

Hemos considerado *cómo* la gente trata de justificar la evidencia que hemos descubierto. Una pregunta más interesante e importante es *por qué* trata de hacer esto. Fuera de la respuesta obvia (¿a quién le gusta que le digan que puede perder su salvación?), debe reconocerse que UVSSS es una convicción sostenida firmemente, que se considera como parte de la ortodoxia cristiana, y lo ha sido para gran parte de la iglesia durante gran parte de su historia. Es difícil aceptar que tantas personas pudieran estar equivocadas. Requiere valentía cuestionar la tradición, pero lo que libera a las personas es la verdad.

Nos abocaremos ahora a esa historia.

4. TRADICIONES HISTÓRICAS

Es muy fácil para cualquier persona decir que su doctrina está basada solo en las escrituras, pero en realidad es algo muy difícil de hacer en la práctica. Todos estamos influenciados, sea de manera positiva o negativa, por las diferentes corrientes de pensamiento que existieron a lo largo de veinte siglos de la historia de la iglesia. La verdad de Dios se contamina fácilmente por los hombres cuando se transmite de una generación a la próxima.

UVSSS tiene su propia historia. ¿Durante cuánto tiempo ha sido debatido? La mayoría supone que solo ha sido un tema polémico durante unos cuatrocientos años. Esto es porque los dos lados de la discusión han sido conocidos como calvinistas (la salvación no puede perderse) y arminianos (la salvación puede perderse), unos rótulos que están basados en los nombres de dos hombres que vivieron en el siglo dieciséis. En realidad, las raíces de UVSSS deben buscarse mil años antes de esto, como veremos.

Pero debemos ir aún más atrás, a los primeros siglos de la expansión bajo los "Padres de la iglesia", el denominado "período patrístico". No hay ninguna discusión acerca de UVSSS en los documentos que han sobrevivido. Obviamente no era un asunto candente entre ellos. Sin embargo, hay alguna evidencia indirecta de qué línea habrían seguido si hubiese sido planteado.

Primero, está la cuestión del *bautismo*. Compartían con los apóstoles una creencia en la eficacia del sacramento para lavar los pecados (cf. Hch 2:38; 22:16; Ef 5:26; 1P 3:21; el Credo de Nicea, en 325 d.C., reconocía "un bautismo para la remisión de pecados"). Esto planteaba la pregunta de cómo quitar pecados cometidos después del bautismo. Por esta razón, algunos escogían demorar ser bautizados lo más posible, aun hasta que la muerte fuera inminente (el emperador Constantino fue una de estas personas). Se volvió importante "morir en estado de gracia". En este contexto, surgió la distinción entre pecados "mortales" (que no podían ser perdonados después del bautismo) y pecados "veniales" (que podían ser perdonados). En otras palabras, algunos pecados eran lo suficientemente serios como para anular el bautismo y, por lo tanto, perder la salvación. Dado que el bautismo no podía repetirse, la pérdida era irrecuperable.

Segundo, estaba el hecho de la *persecución*. Durante los primeros trescientos años, la iglesia estuvo sujeta a oleadas de hostilidad oficial, lo que produjo un "noble ejército de mártires". En la práctica, tuvo el efecto opuesto al buscado: la iglesia creció más rápidamente y se extendió más ampliamente. Por cierto, "la sangre de los mártires fue la semilla de la iglesia". Sin embargo, no todos fueron "fieles hasta la muerte". Bajo la presión de la tortura y la amenaza de la ejecución, algunos negaron a su Señor y renunciaron a su fe. Esto creó un verdadero problema cuando la ola de persecución volvió a decrecer y aquellos que habían cometido esta "apostasía" querían reanudar su compromiso cristiano.

La iglesia primitiva practicaba la disciplina, como en el Nuevo Testamento. Esto cubría tanto la admisión como la exclusión de la comunión, particularmente en la mesa del Señor. El pecado mortal después del bautismo y la apostasía pública bajo persecución justificaban, en ambos casos, la severa disciplina de la "excomunión". La iglesia a menudo estuvo dividida acerca de la posibilidad del arrepentimiento y restauración en cada caso.

Lo que es altamente significativo es que en ningún caso hay siquiera un indicio de sugerencia de que alguien que hubiera cometido un pecado mortal después del bautismo o que hubiera negado la fe bajo presión no hubiera "nacido de nuevo" adecuadamente en primer lugar. Se suponía de manera universal que habían perdido la salvación que tuvieron una vez y que ya no formaban parte del pueblo elegido de Dios.

Todo esto iba a cambiar en el siglo quinto. Para entonces, el emperador Constantino había profesado el cristianismo, que se había convertido en la religión "establecida" del imperio romano, con exclusión de todas las demás, incluyendo la fe judía. ¡Los perseguidos se habían convertido en perseguidores! Se erigieron edificios magníficos para el culto cristiano. La iglesia se había apoderado del mundo; al menos, eso parecía.

En realidad, el mundo se había apoderado de la iglesia, introduciendo en ella los títulos y accesorios del imperio, que ahora estaba en una seria declinación y pronto caería para siempre.

Surgió el monacato como una protesta contra las normas declinantes de la vida moral y espiritual. Primero como ermitaños, y luego en comunidades, los monjes buscaron restaurar el "cristianismo primitivo" que se encontraba en la enseñanza de Jesús.

Sobre este trasfondo podemos entender cómo dos hombres cristianos llegaron a trabarse en un combate teológico, si bien sus diferencias surgían de preocupaciones éticas.

Agustín y Pelagio

Pelagio fue un monje británico que llegó a Roma alrededor de 400 d.C. y quedó horrorizado por el comportamiento permisivo dentro de las iglesias. Era ortodoxo en sus creencias (uno de sus escritos se tituló *La creencia en la Trinidad*). Su preocupación por la moralidad lo llevó a denunciar el reemplazo de la santidad por las ceremonias sacramentales. Este tipo de actitud hacía que el pecado fuera inevitable.

Predicó un evangelio de "justificación *solo* por la fe" (fue el primero en agregar la palabra "solo" a la frase de Pablo, lo cual fue seguido más adelante por Martín Lutero). La gracia nos llega principalmente en forma de revelación, iluminando nuestras mentes para entender cómo Dios quiere que vivamos (principalmente a través de la enseñanza y el ejemplo de Jesús). La gracia no solo nos muestra el camino; la gracia nos ofrece el poder para transitarlo.

Pero luego depende de nosotros. Pelagio puso un gran énfasis en la responsabilidad moral y en sus resultados: elogio o culpa, recompensa o castigo. Dios, enseñó, no ordena nada que sea imposible para nosotros, incluyendo la perfección. Mediante el esfuerzo decidido podemos ser santos, y deberíamos serlo.

Aceptar que el pecado es inevitable, aun en creyentes, significa falta de fe y debilidad de voluntad. Él había leído las *Confesiones* de Agustín y sentía que el libro era fatalista y derrotista, y que asumía una perspectiva pesimista de la naturaleza humana. Podemos ser santos, si escogemos serlo, y dedicamos nuestra mente y nuestras voluntades a serlo.

Es fácil ver cómo y por qué Pelagio se equivocó en su pensamiento. En su profundo deseo de ver una iglesia santa, sacudiendo a sus miembros para que hicieran un esfuerzo moral, desarrolló una perspectiva demasiado elevada de la fuerza de voluntad humana, si bien consideraba la autodeterminación como un don de la gracia, para todos, creyentes e incrédulos por igual. Todos pueden tomar la decisión de hacer el bien y ser justos.

Esto implicaba negar el pecado "original" (es decir, heredado). Él creía que todos nacemos inocentes, como Adán, tan libres como él para escoger el bien o el mal. No hay ninguna corrupción heredada, ni siquiera una inclinación al mal. Él enseñaba la bondad inherente del mundo creado y de la personas dentro del mundo. Al negar así la Caída, no había ninguna necesidad de expiación o regeneración. Los seres humanos solo necesitan que se les muestre lo que está bien y recibir ayuda para hacerlo.

Esto fue un golpe para la práctica del bautismo de bebés, adoptado universalmente para entonces como la remoción de la culpa heredada de Adán (lo que salvaba, por lo tanto, al niño del infierno). Pelagio creía que el bautismo debería ser una elección voluntaria de creyentes responsables.

Pero el efecto más serio de este énfasis fue alentar la idea de la salvación por obras antes que por gracia mediante la fe. La idea de que podemos salvarnos a nosotros mismos por nuestros propios esfuerzos morales es común a la mayoría de las demás religiones y particularmente afín al propio pueblo de Pelagio, los británicos, que consideran al cristianismo como "hacer el bien". Mediante esta perspectiva optimista de nuestra capacidad, se logra mantener el orgullo humano.

Es discutible si Pelagio mismo fue el único culpable de esta perversión del evangelio. Cuando Roma fue saqueada, él se dirigió a Sicilia, luego al norte de África y finalmente a Palestina, donde fue juzgado por herejía por dos sínodos pero absuelto de todos los cargos. Desautorizó a uno de sus colegas, Celestio, que llevó sus enseñanzas más allá de los límites de la ortodoxia.

En este momento hace su entrada Agustín, obispo de Hipona, en Cartago, en el norte de África, que se rehusó a separar a Pelagio de Celestio, y trabajó largo y tendido para que ambos fueran condenados como herejes.

Era un erudito clásico, y se había embebido de la separación dualista entre el cuerpo y el alma, la carne y el espíritu, tomadas del platonismo y el maniqueísmo. Sus tempranas luchas contra la promiscuidad y su conversión repentina en Milán, en gran parte debida a la oración de su devota madre, lo llevó a una visión muy elevada de la gracia y una visión muy baja de la naturaleza humana, que desde la Caída es tan depravada como para ser completamente incapaz de hacer las elecciones correctas.

Es imaginable su reacción a Pelagio. Estaba horrorizado de que se negara el pecado original y que se descartara su cura mediante el bautismo de bebés, que el perdón solo pudiera tratar con los pecados del pasado y no del futuro, que la perfección fuera una posibilidad real en este mundo y, sobre todo, que la gracia fuera una mera ayuda para permitirnos ser santos. Clasificó la enseñanza de Pelagio como "humanista" y "moralista", en nada superior a un filósofo pagano.

Su reacción se convirtió en una sobrerreacción. En oposición a la idea de que el hombre podía hacer todo bien, se volcó al extremo opuesto de que el hombre no puede hacer nada bien. Es incapaz de escoger nada bueno, y mucho menos la salvación. Todo viene de Dios, quien es el único que escoge quiénes serán salvados, y quiénes no lo serán (¡esto llevó a Agustín a negar que Dios quiere que todos se salven, como en 1 Ti 2:4!). Su decreto predestinador decide quién recibirá el arrepentimiento y la fe. Esta gracia no puede ser resistida ni rehusada, ya que es ejercida por un Dios omnipotente. En su sabiduría inescrutable, él ha decidido la cantidad de personas que se salvarán, una cantidad fija; y nadie puede hacer nada para impedir que esto se cumpla.

Como creía que era Dios quien hacía que las personas crean, no es para nada sorprendente que Agustín apoyara la conversión forzosa (usaba el texto: "oblígalos a entrar", en Lucas 14:23, para justificar esto), una política que tendría repercusiones desastrosas en siglos posteriores (la Inquisición fue solo un ejemplo).

Sus acusaciones contra Pelagio no fueron aceptadas inmediatamente por toda la iglesia. Un grupo de obispos italianos, liderados por un tal Julián, defendió a Pelagio contra Agustín durante un tiempo. Rechazaron el punto de vista acerca de la predestinación de este último, como una implicación de la injusticia de Dios por su selección arbitraria de algunos para que sean salvos y de otros para que se pierdan, independientemente de nada que tuvieran en ellos. También objetaron su "maniqueísmo incurable" que condenaba las relaciones sexuales como pecaminosas, aun entre creyentes casados (¡porque propagaba el pecado original!).

Agustín demostró ser un contrincante demasiado poderoso para ellos en el largo plazo. Persuadió al Papa Inocencio I para que aceptara su diagnóstico, y el Concilio de Éfeso, en 431, condenó a Celestio como hereje (y, por implicación, a su maestro, Pelagio).

Sin embargo, muchos estaban disconformes con ambos extremos: el pelagianismo y el agustinianismo. Hubo un movimiento monástico, principalmente en el sur de Galia (es decir, Francia), que trató de restaurar un equilibrio más bíblico. Temían que el fatalismo implicado por la predestinación absoluta conduciría al letargo moral y espiritual, lo cual convertiría la evangelización del pecador y la exhortación del santo en cosas bastantes inútiles.

Ratificaron el pecado original y la necesidad absoluta de la gracia para la salvación. Sin embargo, el libre albedrío no ha sido borrado completamente por el pecado y la elección es el meollo de la responsabilidad moral, sin la cual el juicio es una parodia. El "comienzo de la fe" es una acción de la voluntad humana, ayudada instantáneamente por la gracia. La apropiación continua además de inicial de la gracia es una cuestión de la decisión humana. Según esta premisa básica, criticaron la enseñanza de Agustín sobre la predestinación rígida, la gracia irresistible y la perseverancia infalible. El concepto de la predestinación que tenían se apoyaba en el conocimiento previo divino: Dios sabe de antemano quiénes creerán y los escoge ("los elige") para que sean salvos.

La espada de Agustín era su pluma. Contra estos críticos produjo libros como *La gracia y el libre albedrío*, *La corrección y la gracia*, *La predestinación de los santos* y *El don de la perseverancia*. No sería injusto decir que esta controversia fue la matriz de donde nació UVSSS.

La imponente personalidad de Agustín y su escritura prolífica prevalecieron, y los monjes franceses fueron proscritos en el segundo Concilio de Orange, unos pocos años después. Los puntos de vista de los monjes no desaparecieron por completo, y surgieron nuevamente entre los jesuitas. Para el siglo dieciséis, habían sido rotulados como semipelagianos por los luteranos, nada menos, una brillante movida táctica que aseguraba su ruina, si bien teológicamente tendrían que haber sido llamados semiagustinianos, ya que su pensamiento era mucho más cercano al de Agustín.

El agustinianismo se convirtió en la principal perspectiva de la iglesia durante la Edad Media y fue perpetuada, sorprendentemente, por los reformadores protestantes, cuya adopción de la enseñanza básica de Agustín aseguró su influencia hasta el día de hoy. UVSSS, por lo tanto, ha tenido un grupo de seguidores constante, aunque no sin cuestionamientos, durante mil quinientos años. No es probable que sea abandonado, fácilmente o rápidamente.

Lutero y Erasmo

Erasmo de Róterdam quería reformar la iglesia venciendo la ignorancia mediante la erudición. Educado por los Hermanos de la Vida Común, pasó seis años como monje en París, y visitó a Tomás Moro en Inglaterra. Fue en este país que comenzó a traducir el Nuevo Testamento de su idioma griego original, en busca de un conocimiento más preciso de las escrituras.

Ridiculizó a los humanistas y a los clérigos por igual, y satirizó a los políticos y a los abogados. Pero aplicó principios humanistas a asuntos eclesiásticos. Su objetivo era restaurar la verdad y la bondad del cristianismo "primitivo" (es decir, del Nuevo Testamento).

Al principio, apoyó a Martín Lutero, el reformador protestante de Alemania. Sin embargo, después del famoso debate de Leipzig, Erasmo se dio cuenta de que los puntos de vista agustinianos de Lutero sobre la soberanía divina excluían el ejercicio de la elección por la voluntad humana. Desde ese momento se convirtió en uno de los críticos de la Reforma y escribió *Discusión sobre el libre albedrío* (1524), donde atacaba el "albedrío no libre" de Lutero.

La respuesta de este último fue una de sus obras más conocidas, *La esclavitud de la voluntad*, ¡que es más agustiniano que Agustín y más calvinista que Calvino! Fijaría el tono del pensamiento de los principales reformadores protestantes, si bien no el de los anabautistas "izquierdistas".

El trasfondo de Lutero era una orden agustiniana llamada los Ermitaños de Erfurt, si bien sus maestros eran "semipelagianos" (enseñaban que el libre albedrío iniciaba la salvación al escoger creer). Pero su conversión dramática e inesperada lo llevó a creer que la salvación depende exclusivamente de la omnipotente voluntad divina. El hombre carecía de toda libertad de elección en la esfera espiritual. Su doctrina fundamental de "justificación solo por la fe" (¡la frase acuñada por primera vez por Pelagio!) se resume mejor con sus propias palabras: "El hombre pecaminoso, depravado y muerto en pecado, no contribuye nada de su propia voluntad o intereses o mejores esfuerzos u obras para su justificación, conversión o salvación".

Se concentró tanto en la justificación que fue algo equívoco acerca de la santificación. Su énfasis en la fe *sola* hizo que le resultara difícil ver lugar alguno para la "obras" en la vida cristiana. De ahí su aversión por la "epístola de paja" de Santiago, con esta afirmación: "Como pueden ver, a una persona se le declara justa por las obras, y no sólo por la fe" (Stg 2:24).

Él nunca abordó directamente el tema de UVSSS, pero podemos adivinar su posición a partir de un intercambio interesante con uno de sus colegas, un teólogo que compiló la Confesión de Augsburgo para las iglesias luteranas. Philipp Melanchthon fue más fiel a las escrituras cuando dijo: "Es la fe, sola, la que salva, pero la fe que salva no esta sola". Se dio cuenta de que hay "obras de la fe", que la fe da como resultado acciones prácticas, buenas obras.

Lutero respondió a esto en una carta extraordinaria, donde decía: "Es suficiente que reconozcamos . . . al cordero que lleva los pecados del mundo; de esto, el pecado no nos separa, ¡aun cuando miles y miles de veces en un día forniquemos o asesinemos!". Según esta evidencia, podemos concluir que Lutero sostenía el punto de vista Alfa de UVSSS (ver capítulo 1).

Esta diferencia produjo cierta división en la reforma luterana. Sin embargo, se evitó una división entre los seguidores de Lutero y de Melanchthon mediante la firma de la Fórmula de la Concordia en 1577. Ésta sostuvo virtualmente la posición de Lutero sobre la predestinación y la negación del libre albedrío, asegurando el énfasis luterano en la justificación más que en la santificación como la esencia de la salvación.

Calvino y Arminio

Juan Calvino, un abogado francés, produjo su obra maestra, *La institución de la religión cristiana*, a los veinticuatro años, si bien fue revisada varias veces en años posteriores.

Este estudio teológico integral ha sido llamado "agustinianismo sistemático". Ciertamente revela una deuda profunda con el obispo del norte de África, por más que mil años los separara. Aparecen aquí los mismos énfasis en la voluntad soberana e inescrutable de Dios, su elección predestinadora y su gracia irresistible. Pero había dos formas en que Calvino se apartó de su mentor.

Primero, él creía firmemente que Jesús murió para expiar los pecados de todo el mundo, y no solo de los "elegidos". En su comentario sobre Marcos escribió: "Es indiscutible que Cristo vino para expiar los pecados de todo el mundo".

Segundo, parece haber dejado abierta alguna posibilidad de perder la salvación. Considere lo que dice en su *Institución*: "Sin embargo, nuestra redención sería imperfecta si él no nos *condujera* hacia adelante constantemente hacia la meta final de nuestra salvación. Por lo tanto, el momento en que nos alejamos de él, aun de manera leve, nuestra salvación, que descansa firmemente en él, se desvanece poco a poco. Como resultado, todos los que no *reposan* en él *voluntariamente* se privan de toda gracia" (itálicas suyas).

Resulta obvio que no todo lo que se denomina calvinismo surge de Calvino mismo, y denigra su nombre y reputación. En realidad, la aplicación más estrecha de sus principios debe más a su sucesor en Ginebra, Teodoro de Beza. Este reformador de segunda generación dio un portazo a los alejamientos de Calvino de Agustín y restableció la "expiación limitada" y la "perseverancia de los santos" en lo que estaba siendo conocido de manera generalizada como la "teología reformada". El suyo fue el caso típico del alumno más rígido que su maestro. Llevó la deducción lógica al extremo, al punto de argumentar que Dios tiene que haber decretado quién debía salvarse aún antes que nadie lo necesitara, es decir, antes de la Caída (¡esta postura se conoce como la posición "supralapsaria", para los que estén interesados en la especulación teológica!). La influencia de Beza se extendió ampliamente, en particular en el norte de Europa.

Los famosos Cinco Puntos del calvinismo estricto habrían de formularse en Holanda, como una reacción a la enseñanza de un holandés, Jacobo Arminio. Suele asumirse por lo general y de manera errónea que era un opositor de Calvino (de hecho, solo tenía cuatro años cuando murió éste). Es cierto que estuvo en Ginebra como estudiante de teología, pero fue enseñado por Beza, a cuyos puntos de vista inflexibles se opuso más adelante, en especial cuando cambió el texto de las escrituras para que encajara con sus opiniones (por ejemplo, en Hebreos 10:38, cambió "si se vuelve atrás" por "si alguno se vuelve atrás", de forma que el "justo" no pudiera retroceder hacia la destrucción).

Al volver a su país nativo, fue profesor en Leiden, habiendo estudiado en Basilea además de Ginebra. Aquí buscó contrarrestar lo que él consideraba como la influencia perniciosa de Beza.

Comenzando por la predestinación, prácticamente invirtió la elección y la gracia. La elección de Dios, enseñaba, está basada en el conocimiento previo. Él decreta que salvará a todos los que se arrepienten, creen y perseveran. El hecho de saber de antemano quiénes harán esto le permite predestinarlos para la gloria.

La gracia está disponible universalmente, pero no todos harán uso de ella. La gracia anticipatoria, que toma la iniciativa en la salvación, da a los seres humanos la oportunidad de aceptar o rechazar, pero nunca los fuerza a tomar la decisión correcta (o incorrecta). Así que, en la salvación, la voluntad del hombre coopera con la voluntad de Dios.

Esta cooperación necesita continuar si ha de completarse

la salvación plena. Así que es posible caer de la gracia totalmente y finalmente.

El corazón mismo de su pensamiento era que la gracia de Dios puede ser resistida y rechazada, tanto antes como después de convertirse en creyente. La gracia nunca es forzada sobre alguien sino que depende de su respuesta para ser efectiva.

Arminio nunca fue enfrentado de manera directa con relación a estos puntos de vista durante su vida. De hecho, se dice que nadie se animaba a atacar a un hombre tan santo y que vivía una vida tan piadosa. Fue cuestionado en su posición oficial en público, y una de sus respuestas es esclarecedora: "Afirmo abiertamente y francamente que nunca enseñé que un verdadero creyente puede apartarse de manera total y final de la fe, y perecer". Pero hay que tomar en cuenta que él definía a un "verdadero creyente" como alguien que sigue creyendo hasta el fin (Calvino también diferenciaba entre la fe "temporal' y "verdadera", donde solo la última era la fe "salvadora").

Como Calvino, fue víctima de algunos de sus sucesores (Grocio atacó la teoría de la sustitución penal de la expiación, y Episcopio atribuyó deidad al Padre, pero no al Hijo y al Espíritu). Pero la difusión de sus propias enseñanzas se convirtió en una amenaza para la iglesia "reformada". Sus seguidores objetaron (es decir, protestaron) contra la clase de calvinismo del tipo de Beza, y fueron conocidos como los Objetores, y su movimiento se llamó de la Objeción, solo un año después de su muerte.

En 1618, fue convocado el Sínodo de Dort para tratar con la crisis, prácticamente una convulsión nacional. Los objetores fueron acusados de semipelagianismo, un truco sutil de "culpabilidad por asociación" que identificaba a Arminio con Pelagio y con los que habían criticado a Agustín. Fueron acusados de destruir las doctrinas de la expiación (el castigo por el pecado no puede ser exigido dos veces, de Cristo y del pecador no arrepentido, así que él solo puede haber "pagado" por los elegidos) y de la seguridad (nadie podría estar seguro jamás de la salvación final).

Para contrarrestar cinco "tesis" de Arminio, el Sínodo formuló estos cinco puntos:

Depravación total
Elección incondicional
Expiación limitada
Gracia irresistible
Perseverancia de los santos

Las letras iniciales en inglés (*Total depravity, Unconditional election, Limited atonement, Irresistible grace, Perseverance of the saints*) forman el acrónimo T-U-L-I-P (tulipán), mediante el cual son comunicados y recordados fácilmente en ese idioma. La palabra es también un término apropiado para un producto de Holanda, ¡famoso por sus campos de tulipanes!

Los ministros en Holanda, Francia y, más adelante, Sudáfrica fueron obligados a firmar esta lista. Muchos que se rehusaron a hacerlo fueron removidos de sus cargos y exiliados. Las obras de Arminio fueron abolidas, y al día de hoy son prácticamente desconocidas en su propio país, como descubrí cuando hace poco hablé en una conferencia de pastores en Soest.

La formulación de Dort jugó un papel fundamental en la Asamblea de Westminster de 1646, que se reunió para idear una confesión en forma de credo que pudiera unir las iglesias de Inglaterra y Escocia. Más afín a Beza que a Calvino, enfatizó la doble predestinación (es decir, de los salvados y de los perdidos) y estableció la perseverancia de los santos como dogma. La Confesión de Westminster resultante no fue adoptada por la Iglesia de Inglaterra pero sí por la Iglesia de Escocia (donde el punto de vista "sabatario" del domingo en la Confesión ha tenido un profundo efecto social). Sin embargo, la mayoría de los clérigos puritanos ingleses sostenían una teología estrictamente calvinista, con la excepción destacada de un tal Goodwin.

La iglesia de Inglaterra, típicamente, llegó a un arreglo, llamado a veces "calvinismo moderado". Los Treinta y Nueve Artículos, a los que deben suscribir todos los clérigos, contienen la siguiente afirmación que es pertinente para nuestra discusión de UVSSS:

> No todo pecado mortal cometido voluntariamente después del Bautismo es un pecado contra el Espíritu Santo, e imperdonable. Por ende, la concesión del arrepentimiento no ha de negarse a quienes caen en pecado después del Bautismo. Después que hemos recibido el Espíritu Santo podemos apartarnos de la gracia dada y por la gracia de Dios podemos levantarnos nuevamente y enmendar nuestras vidas.

Si bien finaliza con una nota optimista de restauración, este Artículo claramente vislumbra tanto la posibilidad del pecado imperdonable en los bautizados como la posibilidad de no "levantarse" de otros pecados menos serios (note la palabra "podemos" en vez de "debemos"). Parecería que en este punto la ortodoxia anglicana es arminiana. Hay quienes argumentarían que la terminología es ambigua.

Las dos posiciones, que ahora han quedado rotulados lamentablemente como "calvinistas" y "arminianas", y que no hacen justicia a ninguno de estos caballeros, se reflejan en corrientes posteriores de la vida de las iglesias independientes de Inglaterra. Los bautistas generales y particulares (a veces aun los estrictos y los particulares) son un ejemplo.

Whitefield y Wesley

La diferencia se volvió más evidente durante el avivamiento del siglo dieciocho, cuando George Whitefield y John Wesley ocuparon lados opuestos con relación a UVSSS. Ambos habían pertenecido al mismo "Club Metodista" en Oxford, y luego ministraron juntos, predicando el evangelio al aire libre a los mineros de Bristol. Pero sus caminos se bifurcaron acerca de este tema justamente. Wesley fue rotulado como arminiano, ¡si bien dijo que su fuerte énfasis en la absoluta necesidad de la gracia divina para la salvación lo separaba del calvinismo "por el grosor de un cabello"! Pero no era tan así, porque sus propios sermones y los himnos de su hermano Charles (ver el Epílogo) enseñaban claramente que "un alma perdonada podía caer de la gracia". Su convicción de que Dios había levantado el metodismo "para difundir la santidad bíblica por toda la tierra" no estaba desligada de esto. Para Wesley, la santificación era tan necesaria como la justificación para "desembarcar seguramente en esa costa celestial". Escribió y habló tajantemente contra lo que consideró el peligro insidioso de la falsa seguridad y la complacencia moral. Se encontró enfrentado a Whitefield, Toplady (el escritor del himno "Rock of Ages") y la condesa de Huntingdon (que tenía su propio instituto y "Conexión de iglesias").

Los evangelistas posteriores han sostenido opiniones diversas. En Estados Unidos, Jonathan Edwards era calvinista, y Dwight L. Moody, arminiano.

¿Qué ocurre hoy? Probablemente la mayoría de quienes se denominan evangélicos creen en UVSSS. No es poco significativo que la oficina central en Londres de la Alianza Evangélica lleve el nombre de Whitefield, y no de Wesley. La influencia de los Hermanos Libres, que están convencidos de UVSSS, ha estado fuera de toda proporción con sus números. El legado residual de la teología puritana ha sido un factor importante, especialmente a través del ministerio del Dr. Martin Lloyd-Jones, en Westminster Chapel (su sucesor, el Dr. R. T. Kendall, ha escrito un libro con el mismo título que el mío, ¡pero sin los signos de pregunta!).

Esto no significa que la mayoría de los evangélicos acepten los Cinco Puntos del calvinismo. El Dr. Jim Packer, de Regent College, Vancouver, ha argumentado enérgicamente que forman un sistema plenamente integrado en el cual cada uno depende de los demás y ninguno puede ser sustraído sin anular a los otros. "Porque los cinco puntos, si bien afirmados por separado, son en realidad inseparables. Van juntos; uno no puede rechazar un punto sin rechazar a todos . . ." (*Among God's Giants*[4], Kingsway, 1991, pág. 169). Concuerdo con él; la perseverancia de los santos depende de la gracia irresistible, por ejemplo. Sin embargo, Clive Calver, director de la Alianza Evangélica, compartió conmigo su impresión de que los cuatro primeros puntos del calvinismo ya no son sostenidos en general entre los integrantes de su grupo, especialmente en la franja de los más jóvenes. ¡El deseo de aferrarse tenazmente al quinto punto (la perseverancia de los santos) se explica fácilmente en una generación que busca seguridad! Si seguirán haciéndolo o no después de rechazar sus doctrinas asociadas queda por verse.

Sin embargo, el número creciente de evangélicos está siendo superado por una corriente cada vez mayor de pentecostales, particularmente en el Tercer Mundo. Si bien creen en el mismo evangelio básico y comparten la misma confianza en las escrituras, ponen un énfasis especial en el bautismo y los dones del Espíritu en la experiencia contemporánea.

Los pentecostales tienden a ser arminianos, ya que su linaje puede trazarse hacia atrás, pasando por el movimiento de "santidad" del siglo diecinueve, hasta el avivamiento wesleyano del siglo dieciocho. Algunos pocos han adoptado la teología "reformada", pero la mayoría no apoyaría UVSSS, excepto por omisión.

El siglo veintiuno bien podría ver una tendencia a alejarse de UVSSS, en la que este libro podría jugar un papel diminuto. Pero debemos esperar para ver. Las caras tradiciones de siglos no se abandonan fácilmente, aun con los rápidos cambios de moda en la escena contemporánea.

Es prácticamente imposible abarcar dos mil años de historia en un breve capítulo, aun cuando cubramos un solo aspecto del pensamiento cristiano. El lector deberá juzgar si he dado

---

4 En español, *Entre los gigantes de Dios.*

una descripción justa, aunque no completa. Pero pido que la crítica esté basada en la investigación histórica por sobre la preferencia doctrinal.

Al recorrer los siglos, me ha llamado poderosamente la atención el paralelo notable entre esta y otras doctrinas. Lo que surge es la inmensa influencia de Agustín, que sobresale por encima de todos los demás. Él ha prácticamente modelado tanto el pensamiento católico como el protestante (mediante Lutero y Calvino), hasta el mismo día de hoy. Sin embargo, pocos se dan cuenta del desvío radical que ocurrió, tanto de la iglesia primitiva como del Nuevo Testamento, cuando él transfirió la teología desde un marco hebreo a un marco griego.

Esto se ve más claramente en su actitud hacia el "mileniarismo", la creencia de que un reino de mil años de Cristo en esta tierra presente intervendría entre su retorno y el día de juicio. Esta creencia estaba basada en los capítulos 19 y 20 del libro de Apocalipsis, y era el único punto de vista registrado en los primeros siglos de la historia de la iglesia. Agustín comenzó su ministerio con esta convicción "premilenial", pero su desconfianza platónica de todas las cosas físicas lo llevaron a transferir el milenio, de ser después de la venida de Cristo a la "era de la iglesia", antes a su retorno (¡afirmando que Apocalipsis 20 precede al 19 en el tiempo!) y a "espiritualizarlo". Esto sentó las bases para la posición "amilenial" y aun la posición "posmilenial" posterior, que ahora son "ortodoxas" en las iglesias principales; cuál predomina depende de si prevalece una perspectiva pesimista u optimista (para un tratamiento más completo de esto, ver mi libro *Cuando vuelva Jesús,* Anchor Recordings Ltd., 2014).

De ahí en adelante, las esperanzas cristianas para el futuro se centraron en el cielo más que en la tierra. Aun la "nueva tierra" desapareció de la predicación cristiana. El premileniarismo fue condenado como una herejía por el mismo concilio en el cual lo que más tarde fue llamado "semipelagianismo" recibió el mismo trato. ¡La enseñanza de Agustín dominó de tal forma la iglesia que todo desacuerdo con ella era considerado herejía! Lo que logró fue extraordinario, cuando menos. Los reformadores protestantes estaban dispuestos a desafiar los errores del catolicismo medieval pero no a cuestionar a Agustín y los concilios influidos por sus ideas.

Es aún más difícil poner en tela de juicio la enseñanza de este hombre después de todavía más siglos de su influencia. Desde la perspectiva del siglo veintiuno, Agustín parece estar tan cercano a los tiempos del Nuevo Testamento que se supone en general que representa la continuidad apostólica, y que sus puntos de vista siempre han formado parte del patrimonio de la iglesia. Surge como una revelación descubrir la gran brecha que había entre él y los apóstoles, no solo en el tiempo sino aún más en el pensamiento.

El efecto de su reorganización radical del pensamiento cristiano fue en realidad la creación de verdaderas diferencias. Un ejemplo es la división entre las escuelas de interpretación "amilenial", "premilenial" y "posmilenial" acerca de la segunda venida. Esto ha llevado, por un lado, a la impresión de que todas son igualmente válidas y que uno debe dejar que las preferencias guíen la elección o, por otro, que el asunto es tan complicado que no puede hacerse una elección dogmática. El resultado en la práctica consiste en abandonar todo el tema como algo bastante "secundario".

Lo mismo ha ocurrido con el tema que estamos discutiendo. La interpretación de Agustín de la gracia, la predestinación, la depravación, etc., ahora venerada en los Cinco Puntos del calvinismo, ha dividido a los cristianos profundamente en dos campos, rotulados, no muy precisamente, como calvinistas y arminianos. Esto ha generado recriminaciones mutuas de infidelidad a las escrituras y aún acusaciones de herejía. Creo que es probable que esta lamentable situación nunca hubiera surgido de no haber sido por Agustín.

Tal vez todos necesitemos darnos cuenta de cuánto hemos sido influidos por todas las tradiciones históricas a las que hemos estado expuestos desde que formamos parte de la iglesia. Y, cuando leemos la Biblia, necesitamos estar en guardia contra la proyección de estas tradiciones dentro de la Biblia.

Y necesitamos recordar en qué estamos de acuerdo cuando discutimos asuntos en los que diferimos. En realidad, los verdaderos calvinistas, que generalmente sostienen el punto de vista Omega de UVSSS, tienen más en común con los arminianos de lo que generalmente suele pensarse. Ambos enseñan que solo quienes perseveran en la fe hasta el final serán salvos. La diferencia crucial en este punto es que los calvinistas creen que todo el que deja de perseverar nunca fue salvo, ni siquiera parcialmente, en tanto que los arminianos creen que algunos, si bien no todos, lo fueron.

Pero hay otras serias diferencias relacionadas con ésta y que deben considerarse. Necesitan un capítulo propio.

5. OBJECIONES TEOLÓGICAS

A esta altura, ¡hasta el lector menos perspicaz habrá deducido que este libro está presentando la posición arminiana sobre UVSSS!

Las objeciones de Alfa a esta posición tienden a ser psicológicas, una defensa instintiva de la seguridad emocional. Las objeciones de Omega son más teológicas, con acusaciones de distorsión doctrinal. Algunas de éstas serán discutidas en este capítulo; en particular, cinco.

Los calvinistas acusan a los arminianos de depreciar la gracia, negar la predestinación, degradar la conversión, destruir la seguridad y exigir obras.

¿Deprecia la gracia?

Es trágico que una de las palabras más hermosas del Nuevo Testamento sea el tema de una polémica. Pero es lo que ha ocurrido. De hecho, UVSSS solía ser "una vez en gracia, siempre en gracia".

La palabra está vinculada en particular con el Salvador ("la gracia de nuestro Señor Jesucristo") y con la salvación ("por gracia ustedes han sido salvados"). Somos totalmente incapaces de salvarnos a nosotros mismos, de escapar de nuestra condición pecaminosa. Estamos perdidos para siempre, a menos que Dios acuda en nuestro rescate, y es lo que ha hecho al enviar a su Hijo para salvarnos. Cuando contemplamos el destino inevitable de los pecadores, cada creyente instintivamente se da cuenta de que: "ahí, de no ser por la gracia de Dios, voy yo".

Es importante enfatizar que los calvinistas y los arminianos están de acuerdo en todo lo que acabamos de decir. Pelagio puede haber pensado que solo necesitamos la gracia de la revelación (para conocer el camino correcto, el cual podremos transitar luego con nuestras propias fuerzas); pero Arminio tenía tan en claro como Calvino nuestra necesidad de la gracia de redención (para ser liberados del castigo de vivir incorrectamente y recibir el poder para vivir correctamente). Sin la gracia, estamos en una condición de desamparo y desesperanza.

Hay también acuerdo acerca del significado básico de "gracia": el favor inmerecido, un acto de misericordia dado libremente a los necesitados. Por lo tanto, no hay nada que podamos hacer para ganar o merecer este favor. El que la da es completamente libre para escoger quién la recibirá. "Tendré clemencia de quien yo quiera tenerla, y seré compasivo con quien yo quiera serlo", dice el Señor (Ro 9:15, citando Ex 33:19; la misma verdad aparece ilustrada en la parábola de los viñadores, Mt 20:15). La gracia es magnanimidad divina, generosidad divina. La salvación es un don gratuito (Ef 2:8).

El desacuerdo acerca de la gracia surge cuando se hacen preguntas prácticas. Negativamente, ¿puede este don gratuito ser *rechazado*? Positivamente, ¿tenemos que hacer algo para *recibirlo*? El calvinista contesta "no" a ambas; el arminiano, "sí".

El calvinista parece incapaz de distinguir entre hacer algo para *merecer* un don y hacer algo para *recibirlo*, y rotula a ambos como una "contribución" (¡qué palabra cargada!) para la salvación. Si un niño siquiera extiende una mano para recibir un caramelo, se considera que está pagando parte de su costo; debe ser colocado en la boca por el dador, ¡aun empujado por la garganta para que no pueda ser escupido, si el don ha de ser verdaderamente por gracia!

La gracia ha sido transformada así, de un favor inmerecido a una fuerza irresistible. La elección humana no tiene ningún lugar. La gracia actúa con o sin nuestra cooperación voluntaria. Si el "decreto" de Dios es que seamos salvados y guardados para la gloria, esto ocurrirá no importa si tomamos o no la "decisión" de someternos o no. Es su voluntad, y no la nuestra, la que será hecha. Esto asegura que la salvación sea "toda de gracia", ya que no hay ninguna actividad humana involucrada. No hay nada que tengamos que hacer, podamos hacer o debamos hacer para ser salvados, ¡excepto tal vez esperar estar entre los elegidos como receptores!

Algunos me podrán acusar de hacer una caricatura en este último párrafo, pero solo estoy diciendo de manera franca y aun cruda, lo que los calvinistas realmente creen. Por cierto, ellos mismos no están libres de la caricatura, especialmente cuando describen la posición arminiana. En una publicación reciente (*Rescue*[5], R. Clements, G. Haslam, P. Lewis, Christian Focus Publications, 1995, antes denominada *Chosen by God*[6]), en un capítulo llamado "Una oferta que usted no puede rechazar", Roy Clements ilustra la diferencia mencionando la situación de un hombre que se está ahogando. El calvinismo dice que alguien saltará al agua y lo arrastrará a un lugar seguro. Pero "tanto el arminianismo como el pelagianismo" (note como ambas posiciones son agrupadas) le dirán: "Si usted quiere ser salvado, esfuércese más. Es el esfuerzo propio lo que lo hará llegar a la orilla. Debe escoger, debe ejercer su voluntad, debe intentar" (note el uso de palabras que sugieren una gran energía: esfuerzo-ejercer-intentar). Aun cuando esto pudiera decirse de Pelagio, diría que el lenguaje es injurioso cuando se lo atribuye a Arminio o a los arminianos. Su posición sería retratada más correctamente por alguien que arroja la cuerda al hombre que se está ahogando y le dice: "Sosténgase, y siga sosteniéndose fuerte, hasta que lo arrastre a un lugar seguro". ¡Yo diría que nadie que haya sido rescatado de esta forma soñaría en pensar que se hubiera salvado a sí mismo, o hubiera hecho siquiera una "contribución" que ameritara su rescate! Estaría lleno de gratitud hacia su rescatador.

Hasta ahora hemos estado considerando aquel punto de vista de "gracia irresistible" que se aplica a todo el proceso de salvación, del principio al fin. Hay, sin embargo, una alternativa más flexible que tal vez sea de aceptación más amplia, especialmente entre evangelistas. Esto está más

---

5 En español, *Rescate*.
6 En español, *Escogidos por Dios.*

asociado con la posición Alfa. En resumen, la gracia es resistible hasta el momento de la conversión inclusive, pero luego se vuelve irresistible. Por lo tanto, la voluntad humana puede rechazar la gracia, o aceptar la gracia y ser salvada, pero de ahí en más la gracia asume el control y lo mantiene. Así que, no importa lo que yo haga, nunca me dejará ir. Su gracia es suficiente y eficiente para mantenerme hasta el fin.

Por lo tanto, el meollo de la cuestión es si la gracia es irresistible, ya sea antes o después de la conversión. Esto solo puede decidirse mediante el estudio de las escrituras.

La evangelización apostólica no dudaba en decir a las personas lo que debían hacer a fin de apropiarse de la gracia de Dios en Jesús. Se les decía —aun ordenaba, pero nunca forzaba— que se arrepintieran, que creyeran y que fueran bautizadas. Claramente, era la decisión de ellas aceptar o rechazar el evangelio. Aquellas que lo rechazaban eran acusadas de resistir la gracia. Aquellas que se arrepentían de sus pecados, que ponían su confianza en el Salvador y se sometían al bautismo en agua, no revelaban ni una traza de la idea de que estas acciones suyas hubieran hecho una "contribución" hacia el costo de su salvación o que la hubieran ameritado de alguna forma. Estaban simplemente abrumadas por la gracia que habían recibido.

Sobre todo, no hay un solo indicio de que no podían evitar arrepentirse, creer y ser bautizados porque Dios había decretado que debían hacerlo. Eso convertiría en un sinsentido la oferta universal del evangelio hecha con tanta confianza. Los apóstoles suponían que todos los que oían el evangelio estaban siendo "llamados" por Dios. Juan 3:16 siempre debe ser una piedra de tropiezo para los que piensan distinto: "Tanto amó Dios al *mundo* . . . para que *todo el* que cree en él . . ."

Así que la gracia puede ser resistida antes de la conversión. De hecho, muchos calvinistas enseñan que la voluntad humana está tan depravada que solo es "libre" para escoger el mal, para decidir hacer lo malo. Por lógica, eso ciertamente nos deja con la libertad para decir "no" al evangelio, aun cuando

OBJECIONES TEOLÓGICAS

necesitemos de la gracia para decir "sí". Lo cual significa que la gracia puede ser rechazada.

Pero, ¿qué pasa después de la conversión? Sin duda, la gracia, una vez aceptada, toma el control, ¿no es cierto? Ya no estamos en control de nosotros mismos. Hemos entregado nuestras vidas al Señor. Ahora él está a cargo. Él nos guardará. Esa es la conclusión común acerca de ser "salvos".

Sin embargo, esto no es fiel a las escrituras ni a la experiencia. El "viejo hombre" tal vez esté muerto, ¡pero no quiere acostarse! La lucha con el pecado puede ser mayor después de la conversión que antes. Muchos caen, y algunos nunca se recuperan.

La mayor parte del Nuevo Testamento está dirigido a creyentes, y está repleto de exhortaciones a continuar la batalla moral y espiritual hasta conseguir la victoria final. "Déjate llevar y déjalo a Dios" es otro dicho con dudoso respaldo bíblico. Los escritores no titubean en decir a sus lectores que "busquen . . . la santidad" (Heb 12:14), que "sigan avanzando hacia la meta, para ganar el premio . . ." (Fil 3:14). Tampoco eran conscientes de que estaban quitando mérito a la gracia al instar a sus conversos a este esfuerzo. Seguían creyendo que la santificación era un don de la gracia tanto como la justificación, y la santidad tanto como el perdón.

Pero aun así, la gracia no los estaba haciendo santos por la fuerza, sin su cooperación voluntaria. Esto significa que los creyentes nacidos de nuevo pueden "desechar la gracia de Dios" cuando tratan de producir una justicia propia en vez de apropiarse de la justicia de Cristo (Gá 2:21). Si vuelven a las obras de la ley pueden "caer" [literalmente, "caer fuera"] de la gracia (Gá 5:4). Puede llegarse a un punto donde la gracia puede "recibirse en vano" (2Co 6:1). Un creyente que permite que crezca una raíz amarga en su corazón puede "dejar de alcanzar [quedar rezagado, perder] la gracia de Dios" (Heb 12:15).

Nadie que tome estas escrituras en su sentido más llano y sencillo llegaría a la conclusión de que la gracia es una fuerza irresistible, aun después de ser recibida. La gracia siempre se da libremente, pero no siempre es recibida y usada libremente, aun por los creyentes. Es ofrecida, pero nunca impuesta.

Los calvinistas objetan que esto coloca a la gracia a la merced del hombre y que, por lo tanto, ya no es una expresión de la misericordia de Dios. Significa, dicen, que la voluntad del hombre es más fuerte que la voluntad de Dios. Las decisiones humanas pueden bloquear los decretos divinos. A Dios se le quita su libre voluntad. Ya no puede escoger quiénes o cuántos salvará. La gracia se ha convertido en una oferta de "tómalo o déjalo" que puede ser aceptada o no. Los propósitos eternos del Creador pueden ser frustrados, por lo tanto, por sus criaturas.

Hay un defecto fatal en este argumento impresionante, que revelaremos recién en el próximo capítulo, cuando será más apropiado. Pero debajo de esta lógica está la doctrina de la "elección incondicional" o, más simplemente, de la predestinación, que abordaremos ahora.

¿Niega la predestinación?

Nadie puede negar que las escrituras contienen la palabra, si bien siempre como verbo y no como sustantivo, y solo en cuatro oportunidades (Ro 8:29; 30; Ef 1:5, 11). Una palabra relacionada, "elegidos", usualmente en forma de sustantivo, es más común, y significa "escogidos". A partir de estas palabras se ha desarrollado el siguiente argumento lógico: Si Dios es omnipotente y nos ha predestinado para ser sus santos en el cielo, ¿cómo podríamos nosotros, y mucho menos cualquier otra persona, resistir su poder soberano y avasallar su decreto eterno? Parece incontestable, ¿no es así?

Sin embargo, una vez que se ha adoptado la lógica estricta como método válido para determinar la doctrina, debe ser seguida hasta su conclusión final. La lógica debe enfrentar los hechos también, de los cuales uno de los más obvios es que no todos, ni siquiera una mayoría, son salvados por gracia.

Entonces, ¿cómo enfrenta una creencia en la predestinación el hecho de que tantos estén perdidos por la eternidad? Hay dos respuestas: una, "dura" y la otra, "blanda".

La línea dura es llamada "la doble predestinación", o "el decreto de reprobación" o aun "el decreto terrible". Muy simplemente, Dios predestina a algunos a ser salvados y a algunos a perderse. Él decide el destino eterno de cada ser humano, independientemente de toda calificación o descalificación en ellos. Ya que no ha revelado ninguna base sobre la cual toma estas decisiones, aparecen como arbitrarias, en el mejor de los casos, o completamente injustas, en el peor de los casos. El poeta Robbie Burns satirizó la predicación presbiteriana en Escocia en su propia forma inimitable:

> Oh, Dios, que te places mejor a ti mismo,
> Envías a algunos al cielo y a algunos al infierno
> Todo para tu gloria
> Y no por ningún bien o mal
> Que hayan hecho ante Ti

Esto debe ser una verdad terrible o una parodia espantosa.

La línea blanda es que Dios escoge quiénes serán salvados y no "escoge" nada para el resto. Ya que todos son pecadores y merecen ir al infierno de todos modos, no necesita hacer un decreto predestinador para ellos. Simplemente los deja librados a su destino. Todos son tratados con justicia, pero algunos son predestinados para recibir misericordia.

Ambas respuestas tienen problemas para reconciliarse con algunas aseveraciones categóricas de las escrituras: que Dios ama al mundo (Jn 3:16) y que quiere que todos los hombres sean salvos (1Ti 2:4: "quiere" debe significar "desea", por lo menos, si no "decide").

Pero todo esto es en realidad bastante secundario, y no debería ser usado para desprestigiar el concepto de la predestinación. Sin embargo, estos problemas nos ayudan a concentrarnos en la pregunta principal de si hemos entendido correctamente el significado de ser "predestinados" por Dios.

La interpretación calvinista descansa en la suposición de que predestinación es lo mismo que predeterminación, pero estas palabras tal vez no sean sinónimos en absoluto. Una se usa normalmente para objetos personales, la otra, para impersonales; las personas son predestinadas, las cosas son predeterminadas.

Así que la palabra "predestinación" tal vez tenga que ser ampliada, o calificada, para que aparezcan claramente sus connotaciones. Esto ha sido hecho, en realidad, notablemente de tres formas.

Primero, la predestinación es *vaticinadora*. Es decir, está basada en el conocimiento previo de sucesos posteriores. Dado que Dios conoce el futuro tan bien como el pasado, el principio tanto como el final, sabía exactamente quién se arrepentiría y creería posteriormente, así que pudo escoger y predestinar a cada uno de ellos para recibir la salvación. Esta es la explicación adoptada por Arminio y muchos de sus seguidores, si bien no fueron los primeros en hacerlo; los críticos italianos y franceses de Agustín habían tomado la misma línea unos siglos antes. Parece haber una justificación bíblica: "Porque a los que Dios conoció de antemano, también los predestinó . . ." (Ro 8:29). El problema es que "conoció de antemano" significa más que "conocer acerca de" alguien, y puede incluir la idea de iniciar una relación íntima con ellos.

Segundo, la predestinación es *colectiva*. Es la selección de un pueblo más que una persona, de un grupo más que un individuo. Por lo tanto, Israel en el Antiguo Testamento y la iglesia en el Nuevo Testamento son el pueblo predestinado de Dios. Los individuos solo se vuelven predestinados cuando pasan a ser parte integral del todo, así como Rut y Rajab fueron parte del pueblo escogido (y elegido) de Dios por las elecciones que hicieron. Si son separados de él, sea por su acción o por la del cuerpo, pierden el título. Asociado con esto está la línea de pensamiento de que "elección", tal como se la aplica a cualquiera de los dos pueblos de Dios, es una elección para el servicio más que para la salvación, una responsabilidad más que un privilegio (ver el estudio clásico de H. H. Rowley, *The Biblical Doctrine of Election*[7], Lutterworth, 1950). Esta perspectiva arroja una luz considerable sobre textos como "No me escogieron ustedes a mí, sino que yo los escogí a ustedes y los comisioné para que vayan . . ." (Jn 15:16; cf. 6:70; ambas son claras referencias de su elección de ellos para el servicio apostólico, y no para la salvación eterna).

Tercero, la predestinación es *condicional*. Era una elección general más que particular. Dios decretó que todos los individuos que se arrepintieran y creyeran serían salvos. Aquellos que dan una respuesta positiva al evangelio quedan incluidos entonces en esta categoría "predestinada". Este punto de vista tiene algo en común con la solución "colectiva", pero puede naufragar en aquellos textos que parecen sugerir que los nombres individuales fueron escritos en el libro de la vida mucho antes que escogieran ser incluidos, si bien este punto podría ser cubierto por la perspectiva "vaticinadora".

A mí me parece que hay otro enfoque más simple que combina algunas de estas perspectivas con un nuevo análisis de la palabra y del concepto mismo. He llegado a la conclusión de que predestinar a una persona significa *preparar* un destino para ella antes que *fijar* su destino (me topé con esta sugerencia esclarecedora en un libro calvinista acerca de UVSSS, si bien ya había usado esta definición en mi propia enseñanza).

Un ejemplo ilustrará esto. Desde una temprana edad mi ambición era ser un granjero. Pasaba mis vacaciones en una granja y fui evacuado de ella cuando estalló la Segunda Guerra Mundial. Dejé la escuela a los dieciséis años y trabajé en granjas en Northumberland y Yorkshire para adquirir experiencia antes de obtener un título en agricultura en Newcastle, que pertenecía entonces a la universidad de Durham. Sin que yo lo supiera, mi padre, que era profesor de agricultura, ya había hecho averiguaciones y cuando llegó el momento me dijo que había encontrado una pequeña granja que yo podría alquilar

---

7 En español, *La doctrina bíblica de la elección.*

cuando hubiera terminado mis estudios. Lamentablemente, ¡era demasiado tarde! Mi Padre celestial ya me había contado sus planes: ¡yo debía ser un predicador! Debo agregar que mi padre terrenal no se desilusionó, ya que los Pawson han sido predicadores y/o granjeros desde que John Wesley separó a un hombre de Yorkshire, llamado John Pawson, para que fuera uno de sus colegas itinerantes.

Ahora bien, el punto que quiero señalar es el siguiente. Si hubiera aceptado la oferta de la granja podría haber dicho —y lo habría hecho— para siempre después: "Mi padre preparó esto para mí. Antes que supiera nada lo planeó e hizo preparativos para esto. Él lo predestinó para mí, y a mí me predestinó para esto, y por eso estoy eternamente agradecido por su previsión". Las cosas sucedieron de forma tal que lo tuve que rechazar, pero nunca podría decir que él también predestinó esa decisión. Si aceptaba, estaba predestinado. Si no aceptaba, no estaba predestinado.

Este escenario parece encajar con los datos bíblicos. Aquellos que han sido "salvados" han sido predestinados personalmente para la gloria por un Padre celestial amante que lo planificó de antemano. Por otra parte, las escrituras nunca vinculan la predestinación con los no salvados.

La iniciativa divina de la gracia queda a salvo. Sobre todo, se evita el decreto doble o terrible de ser predestinados a ser réprobos y, por lo tanto, destinados al infierno.

Soy consciente de que a muchos esto les parecerá una solución demasiado simple para un problema que ha desconcertado las mentes de tantas personas durante tanto tiempo. Tampoco la ofrezco como la última palabra sobre el tema. Sería una arrogancia total. Pero voy a afirmar en el próximo capítulo que esta línea de pensamiento está más de acuerdo con la naturaleza y el carácter de Dios según él se ha revelado a sí mismo, especialmente en su Hijo.

¿Degrada la conversión?

Hay dos aspectos del hecho de convertirse en cristiano que se considera que corren peligro al no creer en UVSSS. Uno es objetivo: a saber, la justificación. El otro es subjetivo: a saber, la regeneración.

"Justificación" es un término legal que ha sido tomado de los tribunales de justicia. Es la declaración del juez de que el acusado es inocente y puede abandonar el tribunal como una persona libre y con una conciencia limpia. Sin embargo, alguien que es culpable solo puede ser absuelto de esta manera después que la penalidad debida haya sido pagada por alguna otra persona. Entonces, tanto la justicia como la misericordia han sido satisfechas. El inocente ha sido tratado como culpable, y el culpable como inocente. Si esta sustitución no hubiera tenido lugar, la liberación del prisionero en el banquillo de los acusados hubiera sido un error judicial. En la práctica, la justificación equivale al perdón, pero debe recordarse que es a costa de otra persona.

Lo que ha ocurrido es que el pecado ha sido "imputado" al Salvador, quien pagó la penalidad de la muerte en la cruz, y la justicia ha sido "imputada" al pecador, que ahora puede acercarse al trono eterno "vestido de justicia divina". ¡Qué intercambio! Escasamente justo, desde cualquier punto de vista, pero pleno de gracia.

Ahora bien, argumentan algunos, una vez que una persona ha sido declarada inocente por Dios, ¿cómo podría alguna vez volverse culpable nuevamente? La justificación es un cambio de posición permanente. ¿Cómo podría alguien volverse "injustificado" de nuevo a los ojos de Dios?

Ya hemos señalado (en el capítulo 2) que el perdón cubre los pecados pasados, pero no los futuros. Los criminales absueltos pueden encontrarse nuevamente en el tribunal si vuelven a sus crímenes.

La verdadera respuesta está en el *propósito* de la justificación. Ante todo, su intención es hacer posible una relación con Dios, algo que es imposible entre un pecador y un Dios santo. Algo más se ha iniciado dentro de esa relación: la transformación de ese pecador en un auténtico santo. De hecho, los pecadores justificados son inmediatamente "llamados santos" (Ro 1:7; la inserción de las palabras "a ser" en algunas versiones es completamente injustificada).

Pero es cierto también que los santos son llamados a ser santos. La justicia les es *imputada* a fin de que también les sea *impartida*. La recepción del perdón tiene la intención de ser seguida por la recepción de la santidad. La justificación es el medio; la santificación, el fin. En toda otra religión es al revés: uno debe vivir una vida santa para ser aceptado por Dios. La buena noticia del evangelio es que Dios nos acepta tal como somos, a fin de que vivamos una vida santa.

Es un error fundamental pensar que la justificación es un sustituto de la santificación. ¡Este equívoco se origina, otra vez, en Agustín! Él usó un Nuevo Testamento en latín, en vez de griego, en donde la palabra griega *dikaioun* ("declarar justo") fue traducido erróneamente por la palabra latina *justifacere* (que significa "hacer justo"). Esta interpretación desafortunada llevó a Agustín a la siguiente conclusión: "¿Qué otra cosa son las personas justificadas sino personas que han sido hechas justas [*justi facti*], es decir, por aquel que justifica a los impíos para que los impíos se vuelvan personas justas?". Esto prácticamente afirmaba que la justicia imputada e impartida eran una sola cosa, conferidas en el momento de creer. ¿Qué más se requería para la salvación final?

Esta misma comprensión exagerada de la justificación como el equivalente de la santificación fue seguida por Martín Lutero, que la legó a los hijos de la Reforma. Deja a muchos creyentes con la impresión de que poseen ahora toda la justicia que necesitarán alguna vez para calificar para un lugar en el cielo. De aquí, hay un paso muy pequeño hasta UVSSS, y Lutero mismo parece haberlo dado.

De las docenas de apelaciones, exhortaciones y advertencias a los creyentes en las páginas del Nuevo Testamento, una sola es suficiente para desafiar esta suposición: "Busquen . . . la santidad, sin la cual nadie verá al Señor" (Heb 12:14). La orden del Señor de ser santos, como él es santo, es común a ambos Testamentos (Lv 19:2; 1P 1:16). La justificación no cumple esa orden, pero hace que su cumplimiento sea posible.

"Regeneración" es una palabra poco frecuente en el Nuevo Testamento. De hecho, solo se la usa dos veces, una en relación con la conversión (¿el bautismo?) de individuos (Tit 3:5) y una vez para la restauración del universo entero (Mt 19:28). Si se incluye la expresión "nacido de nuevo", hay cinco referencias (¡comparadas con siete relacionadas con el bautismo en el Espíritu Santo!). La etimología de la palabra es bastante sencilla, y significa comenzar la vida nuevamente.

Sin embargo, se ha construido una enorme superestructura teológica alrededor de este término dándole un significado fuera de toda proporción con los datos algo magros en las escrituras. La expresión "nacido de nuevo" se ha convertido en una herramienta fundamental en la evangelización moderna, si bien nunca fue usada en este contexto por los apóstoles.

El concepto de "regeneración" es usado ahora como la piedra de toque para los pasajes "difíciles", tanto en el Antiguo como en el Nuevo Testamento. "Ah, pero ¿eran verdaderamente regenerados?" es considerado como una solución adecuada al problema de la apostasía potencial o real. El Antiguo Testamento nunca usa este criterio cuando habla del pecado del pueblo de Dios. Ni tampoco el Nuevo Testamento analiza alguna vez a los apartados de esta forma. La fe parece ser el patrón de medición usual en ambos. El criterio básico no parece ser "¿eran verdaderamente regenerados o no?" sino "¿anduvieron en la fe o se apartaron de la fe?".

Ya hemos señalado que la regeneración no confiere inmortalidad (ver capítulo 2). En todo caso, lo que ha nacido una vez puede morir una vez (no hay rastros de la reencarnación, nacer una y otra vez, en la Biblia). Aun los que han nacido dos veces pueden morir dos veces (hemos notado que en el libro de Apocalipsis la promesa de inmunidad de la "segunda muerte" solo se da a los creyentes que "salgan vencedores" y son "santos" (Ap 2:11; 20:6).

Así que la regeneración tal vez sea irrepetible e irreversible, pero eso no significa que sea indestructible. Ciertamente es el comienzo de la salvación, pero no es en sí misma una garantía de su finalización. Eso sería querer leer demasiado en las pocas referencias (¡buena *eiségesis*, pero mala *exégesis*!) Nacer del Espíritu es comenzar de nuevo con el mismo cuerpo y cerebro, pero con un "espíritu" que estaba muerto en delitos y pecados y sin embargo ahora está vivo nuevamente en Cristo; estaba perdido, pero ahora ha sido hallado.

Permanecer en Cristo asegura que la vida sigue fluyendo a través de la nueva "rama" en la vid verdadera, lo que le permite desarrollarse y volverse fructífera. Pero también puede marchitarse y morir si no permanece en ella. Todo esto les fue dicho a los discípulos que habían "nacido de Dios" (Jn 1:12-13 no se aplica a nadie si no es a ellos).

¿Destruye la seguridad?

Vivimos en una era de incertidumbre. Hay una "angst" generalizado, un espíritu de ansiedad. Esto explica la búsqueda febril de seguridad: emocional, financiera, política y, sobre todo, espiritual.

El evangelio es ofrecido ampliamente como una respuesta a esta necesidad, la cura para todos estos temores. Los evangelistas a menudo plantean la pregunta: "¿Quiere estar seguro de ir al cielo cuando muera?" Difícilmente sorprenda que los "conversos" dan por sentado UVSSS, aun cuando no se les haya dicho esto con todas las letras.

Sin duda, dicen los defensores, nuestro Padre celestial quiere que estemos completamente seguros de que su amor nunca nos dejará. Y si UVSSS no es cierto, ¿cómo puede una persona estar segura alguna vez de su salvación? Se encontrará asediada por dudas, preguntándose constantemente si llegará al final. Cuestionar UVSSS significa destruir la seguridad.

Hay una clara doctrina sobre la seguridad en las escrituras. Es a la vez posible e importante que los creyentes "sepan" que son ahora hijos adoptados de Dios. Un libro del Antiguo Testamento (Ezequiel) contiene la frase: "entonces sabrán" setenta y cuatro veces. Un libro del Nuevo Testamento (1 Juan) repite la frase "para que sepan". Dios quiere que "sepamos", y no solo que tengamos esperanza y fe.

No obstante, tenemos que considerar dos preguntas muy básicas:

i.   ¿Cómo podemos estar seguros?
ii. ¿De qué podemos estar seguros?

Consideraremos primero las respuestas dadas por lo que creen en UVSSS. Hay una diferencia entre los puntos de vista Alfa y Omega, así que deben ser tratados por separado.

El concepto Alfa de la seguridad es, como es de esperarse, bastante sencillo. Una vez que uno ha creído, puede estar completamente seguro de que terminará en el cielo, porque Dios ha prometido esto a todos los creyentes. Pero aun esta afirmación simple necesita ser desembalada cuidadosamente, lo cual revela dos aspectos que son cuestionables.

Primero, es una seguridad arraigada en el *pasado*. Está basada en un suceso que puede haber ocurrido varios años atrás. La expresión clave es "una vez". Nada en el resto de la historia puede afectar su comienzo, del que todo depende. El Nuevo Testamento no alienta esta vida basada en nuestra conversión.

Segundo, es una seguridad que depende de una deducción. Técnicamente, se llama "silogismo", que es una premisa mayor, seguida de una premisa menor, de las cuales uno hace a continuación una deducción. En su forma más simple, el silogismo es así:

La Biblia lo dice,
Yo lo creí;
Asunto concluido.

Las promesas de Dios en las *escrituras* son, por lo tanto, la base de la seguridad. La lógica es el medio por el cual éstas se convierten en mi seguridad. Pongo mi confianza en su Palabra, y por lo tanto puedo convencerme de estar seguro. A veces alguna otra persona tal vez tenga que persuadirme. Muchos consejeros dicen cosas como: "¿Crees en este versículo? ¡Entonces puedes estar seguro de ir al cielo!".

Como mucho, es un testigo *indirecto,* transmitido por procesos mentales. Por lo tanto, permite dudar de él ("¿cómo puedo estar seguro de haber creído lo suficiente como para que se aplique a mí?").

Este enfoque de la seguridad (una deducción indirecta de la mente, basada en las escrituras y arraigada en el pasado) es muy común en círculos evangélicos, pero es muy difícil encontrar una justificación bíblica para ella. Los conversos de la iglesia primitiva ni siquiera tenían el texto del Nuevo Testamento en el cual basar su seguridad deducida, ¡pero tenían el Espíritu!

El concepto Omega de la seguridad es bastante diferente. Al enseñar que la perseverancia es necesaria para la salvación final y que solo aquellos que verdaderamente han nacido de nuevo perseverarán, ¡parecería ser que uno solo puede estar seguro de su salvación si persevera hasta el fin! Así que la enseñanza calvinista podría ser acusada de destruir la seguridad, al igual que la arminiana. En realidad, como veremos, estos dos enfoques están más cerca entre sí de lo que se dan cuenta.

Calvino enseñó lo que llamó "la seguridad de la fe". La fe verdadera ("salvadora", en oposición a "temporal") lleva en sí un testimonio intuitivo. Como la fe es un don de Dios, la seguridad interior es un elemento integral de ese don. Aquellos que lo reciben simplemente "saben" que están entre los "elegidos", escogidos por Dios.

Wesley, el arminiano, tenía una postura muy fuerte en cuanto a la seguridad, como ocurría con los himnos de su hermano Carlos. Pero él distinguía entre varios tipos de seguridad. Había una seguridad general de pecados perdonados, pero había también una seguridad especial de perseverancia. Algunos podrían recibir el conocimiento previo de que estarían entre los que finalmente llegarían al final.

Una vez más, los dos lados del debate no están tan lejos entre sí, aunque la diferencia sigue existiendo. Para un lado, todos los que verdaderamente creen perseverarán; para el otro, algunos tal vez no lo hagan.

Lo que es importante notar es que la lógica tendería a minar la seguridad en la versión Omega de UVSSS. Pero la vida es más que lógica. Tanto los calvinistas como los arminianos encuentran la seguridad de una forma intuitiva antes que deductiva. No es tanto una línea indirecta de razonamiento de la mente como un testimonio directo al espíritu.

Esto está mucho más cerca del Nuevo Testamento, donde la fuente de seguridad se encuentra en el Espíritu que está adentro de nosotros antes que en las escrituras que están afuera. Podemos citar dos afirmaciones entre muchas: "¿Cómo sabemos que permanecemos en él, y que él permanece en nosotros? Porque nos ha dado de su Espíritu" (1Jn 4:13) y "El Espíritu mismo le asegura a nuestro espíritu que somos hijos de Dios" (Ro 8:16).

A partir de estos versículos solamente, podemos aprender mucho acerca de la seguridad. Es la obra del Espíritu Santo dentro de nosotros, si bien tiene expresiones exteriores (Romanos 8:15 se refiere a clamar involuntariamente: "¡*Abba!* ¡Padre!*", ¡donde el Espíritu de Jesús mismo usa su propia forma de oración a través de nuestras bocas!). Es un testimonio directo a nuestro espíritu; la mente puede no estar involucrada para nada. Es algo sentido más que aprendido. Por sobre todo, la seguridad está basada en el presente antes que el pasado, y es una experiencia continua más que algo que ocurre una vez para siempre (en Romanos 8:16, el verbo "asegura" está en el tiempo presente continuo). Todo esto difiere claramente del punto de vista Alfa descrito anteriormente, y tan común entre los evangélicos.

¿Cómo podemos estar seguros? Hemos contestado la pregunta: mediante el Espíritu Santo. Cuando somos guiados por el Espíritu Santo y estamos andando en el Espíritu, disfrutaremos del testimonio continuo del Espíritu, esa certeza intuitiva de que el Señor está con nosotros. Pero el Nuevo Testamento también tiene formas de comprobar aun esto, para que podamos estar bien seguros de que nuestra intuición no esté siendo engañada. Estas incluyen una conciencia limpia, un amor por nuestros hermanos en Cristo y la discontinuidad de pecados habituales (1 Juan contiene una lista integral de estas "evidencias"). Éstas constituyen la confirmación exterior del testimonio interior, las evidencias objetivas del instinto subjetivo. No hay ninguna mención de "las escrituras" en relación con esto.

Pero debemos encarar la segunda pregunta: ¿de qué podemos estar seguros? Hemos visto que la seguridad está basada en la experiencia presente antes que en un suceso pasado, pero ¿cómo se relaciona con el futuro?

Muchos están queriendo más que una seguridad acerca del presente, ese conocimiento intuitivo de que están en el Señor, y él en ellos. Están buscando una garantía acerca de su futuro, ¡que es en realidad una garantía *contra ellos mismos*! Quieren estar seguros de que, pase lo que pase, hagan lo que hagan mientras tanto, su futuro estará absolutamente seguro.

No he podido encontrar este tipo de garantía en las escrituras. En las listas de las personas y las cosas que no me pueden separar del amor de Dios en Cristo Jesús, y que no me pueden sacar de su mano, yo mismo no aparezco (ver Apéndice I). No hay un solo versículo que prometa que nunca me separaré yo mismo de Cristo. Por el contrario, hay versículos que afirman claramente la posibilidad contraria ("han roto con Cristo", Gá 5:4). ¡La autoconfianza no es un don del Espíritu! Así que, ¿de qué puedo estar seguro?

Los creyentes pueden estar muy seguros de su relación presente con el Señor, de que están caminando con él, de que están en el camino derecho y estrecho que conduce a la vida. Pueden saber con seguridad que están en "el Camino", tanto el camino de salvación como el camino al cielo. Pueden descansar en el conocimiento de que al transitar este camino arribarán inevitablemente al destino correcto. No hay ninguna razón para la duda o la ansiedad en este caminar de fe, esperanza y amor. La perspectiva futura es brillante. La gloria surge por delante. Los viajeros pueden alegrarse: "Estamos en el camino al cielo".

¿Qué más podríamos pedir? ¿Qué más deberíamos pedir? ¿Cuál sería el efecto si se nos diera esa garantía contra nosotros? Más importante, ¿nos dan las escrituras ese tipo de seguridad? Hemos encontrado (en el capítulo 3) que el Nuevo Testamento usa constantemente la palabra "si": "si continúan", "si se mantienen firmes", "si perseveran", "si vencen".

Por lo tanto, no es sorprendente que la seguridad y la perseverancia estén vinculadas en la experiencia cristiana. Cuando los creyentes ceden a la tentación, una de las primeras cosas que sufre es su seguridad. En ese momento se cuelan las dudas y los temores ("¿he cometido el pecado imperdonable?"). Esto ocurre porque hemos entristecido al Espíritu, quien es la fuente de nuestra seguridad. La culpa (real o imaginaria, moral o psicológica; es importante distinguir cuál es) es la que nos hace hipersensibles a todo cuestionamiento de nuestra seguridad. "La conciencia nos convierte a todos en cobardes", como lo expresó Shakespeare.

La cura para la culpa es el perdón, que está constantemente disponible para aquellos que confiesan libremente su necesidad (1Jn 1:9). Con la relación restaurada, la seguridad volverá. Cuanto antes llevemos nuestros pecados y temores al Señor, mejor. Sansón encontró el camino de vuelta al Señor y a su seguridad, aun después de perder el Espíritu y convertirse en un hombre maltratado y quebrantado. Si usted quiere sentirse seguro acerca del futuro, manténgase cerca de Cristo.

Los calvinistas se habrán horrorizado ante los últimos párrafos, ya que les parecerá que enfatizan el esfuerzo humano y que dan la impresión de que la responsabilidad está de nuestro lado, que nosotros debemos ser constantes. Para ellos, esto es salvación por obras, todo lo opuesto a la salvación mediante la fe. Espero que lean hasta el final de este libro antes de hacer esta acusación, pero algunas cosas pueden decirse acá.

¿Exige obras?

Que quede claro que la salvación es "por fe de principio a fin" (Ro 1:17) y "no por obras, para que nadie se jacte" (Ef 2:9).

Sin embargo, la fe y las obras pueden confundirse en la mente de las personas. La forma más cruda es la idea común de que Dios espera que produzcamos la mayor cantidad de buenas obras posible, y que le pidamos que perdone las malas obras ("Haz lo que puedas y deja lo que queda en sus manos").

Una forma más sutil es combinar la justificación por la fe con la santificación por las obras. En el pensamiento de Pablo esto significa comenzar por el Espíritu y revertir a la carne (Gá 3:3).

Las obras de la carne o las obras de la ley son enemigas del evangelio y restan valor a la gracia, que es lo único que puede salvarnos. Ambas huelen a una religión de "hágalo usted mismo", que mantiene el orgullo humano. Dios quiere ver justicia en nosotros; no la nuestra, sino la suya. No nos la está exigiendo sino que nos la está ofreciendo, en Cristo.

Todo esto es verdad, pero no es toda la verdad. Si no tenemos cuidado, podemos desarrollar una alergia a las "obras" de cualquier tipo o forma, y esto podría cegarnos a las afirmaciones positivas del Nuevo Testamento acerca de las "obras".

En primer lugar, tal vez no seamos salvados *por* las obras, pero ciertamente somos salvados *para* "buenas obras" (Ef 2:10). En vez de tratar de hacer lo que creemos que Dios aprobará, debemos hacer las buenas obras que él ha preparado para nosotros. Así que las "obras" del tipo correcto juegan un papel muy importante en la vida cristiana. Lo que Dios obra en nosotros, debemos obrar nosotros en nuestras vidas (Fil 2:12-13).

Pero hay una conexión más estrecha entre fe y obras. Jesús mismo aceptó que la fe era una "obra" (Jn 6:29). Su hermano, Santiago, causó un verdadero alboroto cuando escribió: "Como pueden ver, a una persona se le declara justa por las obras, y no solo por la fe" (Stg 2:24). Esto se ha considerado como una contradicción directa con la enseñanza de Pablo por quienes tienen fobia de las "obras" (Lutero era uno de éstos, y desechó a la carta de Santiago como una "epístola de paja"). Pero Pablo estaba hablando de las obras de la ley, hechas para ganar la salvación; mientras que Santiago está hablando de la obras de la fe, para recibir la salvación. Está diciendo algo importante: que la fe es activa, y no pasiva, una cuestión de acciones más que de palabras. La confianza necesita ser expresada en acciones que corren el riesgo de ser defraudadas si la persona en la que uno confía resulta no ser digna de confianza. Cuando cita las acciones de Abraham y Rajab (así como el capítulo once de Hebreos detalla muchas otras), hace una observación válida: que la profesión de la fe sin su práctica no nos ayuda más que un cadáver; no puede "salvar". Santiago ha señalado anteriormente que el amor sin obras no puede ayudar a nadie más (Stg 2:16). Tanto la fe como el amor necesitan ser expresados en acciones si han de ser efectivos. Pero entonces Pablo también habla de "lo que vale es la fe que actúa mediante el amor" ("que se expresa mediante el amor", NIV, Gá 5:6). El verbo significa una actividad práctica, en contraposición con la inactividad teórica, ¡y está relacionada con nuestra palabra "energía"!

Así que, ¿por qué hay tanta polémica relacionada con la palabra "obras"? Hay al menos dos razones.

Una surge de agregar la palabra "solo" a la palabra fe. Pelagio fue el primero en hacerlo, pero Lutero lo convirtió en uno de los lemas clave de la reforma protestante: "solo por la fe". Ya hemos notado el comentario de su colega, Melanchthon, "la fe no está sola", recogido más tarde por Calvino. De hecho, el único uso de la palabra "solo" en conexión con la fe es el versículo de Santiago ya citado, donde afirma enfáticamente que una persona es justificada por sus obras y *"no* solo por la fe" (Stg 2:24; por supuesto, se refiere a la "fe" en pensamiento y palabra, pero sin acción).

La otra razón, mucho más influyente, es definir la palabra "obras" para que signifique *cualquier actividad humana,* en oposición a la actividad divina. Esta extensión de la palabra no está justificada, y limita seriamente toda verdadera discusión. No hace una distinción entre las obras hechas para merecer o ganar la salvación y las obras hechas para recibir o apropiar la salvación. Todas las acciones humanas son descartadas como "contribuciones" para la salvación. Nos convertimos en receptores pasivos de la salvación. La fe no es una obra, sino un don (Ef 2:8 es el versículo de prueba usual, si bien "es el regalo de Dios" califica gramáticamente a "salvados" y no a "la fe"). Aun la demanda de acciones de arrepentimiento hecha por Juan el Bautizador y el apóstol Pablo (Lc 3:8; Hch 26:20) son consideradas como acciones esencialmente divinas antes que humanas. Aparentemente, si la gracia ha de ser protegida, no podemos ni debemos hacer nada para apropiarla. ¡Aun sugerir que el bautismo en agua es un elemento esencial al responder al evangelio y convertirse en un discípulo de Jesús significa ser acusado de enseñar la salvación por obras!

¿Dónde terminará todo? La respuesta a "¿Qué tengo que hacer para ser salvo?" debería ser "¡Absolutamente nada!". Hasta el himno de calvinista Toplady ("Nada en mi mano traigo, solo a tu cruz me aferro") se vuelve sospechoso si el aferrarse humano es una "contribución" para mi salvación (hago referencia a mi ilustración anterior de la posición arminiana: decir a un hombre que se está ahogando que se aferre a la soga que se le arroja).

Afortunadamente, hay pocos calvinistas que son tan lógicos en su práctica como en su teoría, y no tienen problemas en llamar a sus oidores a arrepentirse, a creer y a ser bautizados. Pero no debería haber un abismo entre los que realmente creemos y lo que predicamos. Es algo que raya en el engaño, cuando no en la hipocresía.

Yo creo y predico la salvación por la fe, por la fe continua y por las obras continuas de la fe, lo cual asegura una provisión continua de la gracia salvadora. Creo que es una afirmación precisa de la enseñanza de todo el Nuevo Testamento, incluyendo la carta de Pablo a los Romanos.

En este capítulo hemos considerado, demasiado brevemente, algunas objeciones levantadas contra quienes niegan UVSSS, principalmente por los que sostienen la versión Omega o calvinista.

Los lectores tal vez se sorprendan al saber que aún no hemos llegado al meollo de estas diferencias. Detrás de todas ellas yace un desacuerdo radical sobre la naturaleza misma de Dios y el estado de la humanidad. Estas divergencias tan profundas ameritan un capítulo propio.

6. CONTRADICCIONES FUNDAMENTALES

Al llegar a este punto, muchos lectores se estarán dando cuenta de que UVSSS es un asunto mucho más complicado de lo que habían pensado. Algunos tal vez ya se sientan abrumados. Pero aún no hemos enfrentado las diferencias más profundas que subyacen este debate.

Desde un punto de vista, se lo ve como una variación del antiquísimo enigma de la predestinación frente al libre albedrío. Muchos lo consideran una paradoja insalvable, fuera del alcance de mentes finitas atrapadas en el tiempo. Solo la eternidad resolverá la tensión, dicen, así que no tiene mucho sentido ni valor discutirlo.

Sin embargo, las escrituras no nos ofrecen una escapatoria tan fácil, y nos confrontan constantemente con la dialéctica de la soberanía divina y la responsabilidad humana. De alguna forma, ambas son verdaderas. Ninguna debe ser exagerada al punto de eliminar a la otra. Es una tarea delicada conseguir un equilibrio adecuado.

Está en juego nuestra comprensión de la naturaleza de Dios y la naturaleza del hombre. El humanismo tiene una perspectiva demasiado baja de Dios (si es que existe, debe ser responsabilizado por una gran cantidad de mal) y una perspectiva demasiado elevada del hombre (básicamente bueno y no enteramente responsable de sus malas acciones). No es injusto sugerir que el calvinismo, por lo menos en su forma más fuerte, es culpable del error opuesto: una perspectiva demasiado elevada de Dios (!) y una perspectiva demasiado baja del hombre. Debemos ahora respaldar esta acusación.

Una perspectiva demasiado baja del hombre

Es fundamental para el análisis bíblico de nuestra situación real que la naturaleza humana está "caída". La Caída original de nuestros primeros ancestros ha transmitido a toda su progenie una constitución corrupta. Como el rey David, todos hemos sido concebidos en pecado (Sal. 51:5). Esto no es una acusación moral de las relaciones sexuales, como han supuesto muchos erróneamente, sino un reconocimiento franco de la reproducción humana, que solo ha producido pecadores. Los bebés no nacen neutrales moralmente, con el mismo potencial para el bien que para el mal. A los niños hay que enseñarles cómo ser obedientes, pero no cómo ser desobedientes; cómo ser honestos, pero no cómo mentir; cómo ser amables, pero no cómo ser crueles; cómo ser corteses, pero no cómo ser descorteses. Suelen aprender a decir "no" antes que "sí" (¡una madre me dijo que el problema con su hijito no era su fuerza de voluntad, sino su fuerza de "no voluntad"!).

¿Cuán corruptos somos? ¿Cuán malos somos? ¿En qué nos ha afectado el pecado de los primeros humanos?

Es en este punto que debemos cuestionar la doctrina de la "depravación total". Si se la aplica sin calificación a la mente, al corazón y a la voluntad, significaría que somos completamente incapaces de pensar pensamiento sano alguno, de sentir deseos nobles algunos o escoger hacer obra buena alguna. Eso parecería absurdo a la luz de la experiencia humana. Aun Jesús reconoció: "si ustedes, aun siendo malos, saben dar cosas buenas a sus hijos . . ." (Lc 11:13).

Si significa que somos una mezcla incurable de bien y de mal, que aun nuestros mejores esfuerzos se echan a perder, sobre todo por estar orgullosos de nuestros logros, parecería concordar con la vida. Por la misma razón, si nos medimos según la norma santa de perfección de Dios, no podemos más que estar "privados de la gloria de Dios" (Ro 3:23); sea por poco o por mucho, es irrelevante.

Además, somos por completo impotentes para remediar esta situación. Solo aquellos que han hecho un esfuerzo total y decidido por vivir bien o ser buenos todo el tiempo (Saulo de Tarso, Martín Lutero y John Wesley saltan a la mente inmediatamente) aprecian la futilidad de todos estos esfuerzos. El hecho concreto es que nadie ha tenido éxito aún en salvarse a sí mismo de sus propios pecados. Uno puede dejar uno o dos malos hábitos simplemente con determinación, con ayuda y apoyo, pero otros ocuparán su lugar. La mayoría acepta que el intento es inútil y se dan por vencidos. Después de todo, "nadie es perfecto".

La Biblia asume una perspectiva muy realista del dilema humano. Las fallas de sus mayores héroes se revelan con mucha honestidad. Solo el carácter de Jesús mismo emerge intacto del escrutinio, incontaminado con la necedad o el pecado.

Es contra este trasfondo que se hace la oferta de la salvación por gracia. Para el hombre es imposible, pero no para Dios. Por su cuenta, está bajo sentencia de muerte, ya que un Dios santo debe poner un límite de tiempo al mal, el cual no tiene ninguna existencia independiente sino es solo una actitud y luego un atributo de seres personales.

La buena noticia es que el hombre puede ser calificado para la "vida eterna", no por sus propios logros morales sino por recibir la justicia de Dios al confiar en y obedecer a su Hijo, el Señor Jesucristo, cuyo nacimiento, vida, muerte, resurrección y ascensión hicieron que fuera posible este don.

Hasta aquí, todo bien. Todo cristiano ortodoxo concordaría con todo esto. Sin embargo, el desacuerdo surge cuando uno pregunta cómo es comunicado este don (de justicia, que califica para la vida eterna) por Dios, y cómo es apropiado por el hombre.

Los que abogan por la "depravación total" niegan que el hombre tenga alguna opción en el asunto. El pecado ha corrompido de tal forma su voluntad que es completamente incapaz de escoger ser salvado. La elección será hecha en su totalidad por Dios. Solo cuando Dios haya decidido salvarlo y haya comenzado a hacerlo se encontrará arrepintiéndose y creyendo. Dicho simplemente, puede ser responsabilizado por rechazar el evangelio, pero de ninguna forma es responsable por aceptarlo. Eso es solo la decisión de Dios.

De aquí hay un pequeño paso al concepto de que la "perseverancia de los santos" es también la responsabilidad total de Dios, asegurada por su voluntad soberana y su poder omnipotente.

Para ser justos, debemos mencionar una versión moderada, tal vez más frecuente, que cree que el hombre "natural" sigue siendo libre para escoger si rechaza o acepta el evangelio, pero una vez que lo acepta la responsabilidad se entrega a Dios, quien *entonces* usa su poder soberano para convertir en certeza la perseverancia final.

Ya sea en su forma excesiva (Dios es completamente responsable por quien acepta el evangelio y es preservado) o en su forma más leve (el hombre es responsable por aceptar el evangelio, pero Dios es responsable por preservar a quien lo acepta), la responsabilidad humana queda reducida o aun eliminada por completo. Necesitamos darnos cuenta de las implicaciones morales de esto.

Responsabilidad significa "capacidad de responder". Está basada en la capacidad de hacer elecciones entre alternativas, la libertad de la voluntad para tomar decisiones. Si una persona no tiene ninguna opción en su curso de acción, esa persona no puede ser considerada responsable.

La justicia está basada en la responsabilidad. Los conceptos de recompensa por las acciones buenas y de castigo por las malas están basados en la suposición de que se han hecho elecciones correctas o incorrectas. El juicio se vuelve moralmente ofensivo si quienes son juzgados eran incapaces de hacer otra cosa.

Se ha vuelto común hacer estas apelaciones en los tribunales. Los psicólogos y sociólogos nos han alentado a pensar que nuestras acciones están predeterminadas por la herencia, el entorno y las circunstancias. Los acusados son retratados como víctimas indefensas, pacientes que requieren tratamiento antes que criminales que merecen castigo. El sufrimiento penal entonces solo puede justificarse cuando es para rehabilitar a la persona involucrada o para desalentar a otros. La simple retribución se considera algo fuera de moda.

La teología liberal ha sido infiltrada por este pensamiento, reduciendo el énfasis en el juicio, y particularmente en el infierno, que es la retribución última. Lo que no se aprecia siempre es que gran parte de la teología conservadora, especialmente la escuela "reformada", plantea cuestiones similares acerca de la responsabilidad humana.

Si soy tan "completamente depravado" como resultado del pecado de Adán que soy totalmente incapaz de hacer elección correcta alguna, y si Dios es totalmente responsable por toda elección correcta que haga, ¿cómo es posible que él me considere responsable? Ésta es la primera "contradicción fundamental" que queremos resaltar en este capítulo.

¿Cómo pueden los incrédulos ser juzgados por sus pecados si no son responsables por ellos, ya que sus voluntades no eran libres y no tuvieron absolutamente ninguna opción? La conciencia se rebela ante tal injusticia. Pero esa misma conciencia nos dice que fuimos responsables, que tuvimos una opción y decidimos hacer lo incorrecto. La culpa y la vergüenza se afirman sabiendo que las cosas podrían haber sido distintas. Nos hemos defraudado a nosotros mismos.

¿Cómo pueden los creyentes ser juzgados, sea para recompensa o para castigo, a menos que sean responsables de usar o abusar de la gracia? Por supuesto, hay muchos creyentes que no esperan ser juzgados, pero el Nuevo Testamento es muy claro al respecto. "Porque es necesario que todos comparezcamos ante el tribunal de Cristo, para que cada uno reciba lo que le corresponda, *según lo bueno o malo* que haya hecho mientras vivió en el cuerpo" (2Co 5:10; ver también Ro 14:10-12 y 1Co 4:1-5). Somos justificados por la fe, pero seremos juzgados por las obras. Pensar que este "juicio" es solo para propósitos de recompensa significa ignorar la palabra "malo". Pensar que el peor castigo que puede recibir un creyente es perder su recompensa "adicional" en el cielo es oponerse abiertamente a todas las advertencias solemnes que hemos encontrado en el Nuevo Testamento (ver capítulo 3).

La Biblia revela a un Dios justo que juzga con justicia perfecta, recompensando lo bueno y castigando lo malo. No tiene favoritos, y trata el pecado en los creyentes y en los incrédulos como la misma cosa.

Todo esto supone la plena responsabilidad humana por las acciones, basada en las elecciones hechas por la voluntad. Gracias a Dios, él está también lleno de misericordia, dispuesto a perdonar los pecados, para los cuales su Hijo ha hecho una compensación completa tomando sobre sí la retribución, y a convertirnos en un pueblo santo, apto para vivir para siempre en un universo re-creado. Pero solo puede hacer esto para aquellos que estén dispuestos a ser tratados y transformados de esta forma. La elección es de ellos, no de él, y por lo tanto pueden ser considerados plenamente responsables por no hacerla o, habiéndola hecho, por no seguirla hasta el fin.

Pensar de otra manera es tener una perspectiva demasiado baja del hombre. Estaría en el mismo nivel que los animales, quienes están completamente controlados por sus genes. Los humanos, hechos a imagen de Dios, están autodeterminados antes que predeterminados. La Caída ha distorsionado esta imagen, pero no la ha borrado. Aún está ahí, y puede ser restaurada. Todavía puede elegir responder a la bondad, tanto humana como divina.

He ayudado a criminales durante juicios, aun en la acusación más seria, la de homicidio. Siempre los he alentado a reconocer su responsabilidad por su crimen (no "caí en malas compañías" sino "escogí los amigos incorrectos"; no "no pude evitarlo" sino "quise hacerlo"). Los he alentado a ser plenamente humanos (¡"sé un hombre" ya no es una expresión políticamente correcta!) y reconocer su culpa. Como resultado, los tribunales siempre los tratan más "humanamente". Recibieron misericordia no merecida cuando reconocieron la justicia que merecían. Se volvieron seres humanos responsables cuando aceptaron la responsabilidad.

Dios nos trata como seres humanos, responsables por nosotros mismos. Somos llamados sus descendientes (Hch

17:28), si bien no todos son sus "hijos" (raramente se aprecia que la "adopción" en el Nuevo Testamento se refiere a la práctica romana de convertir al hijo propio en el "hijo y heredero" legal, un socio del oficio o profesión del padre; hasta que esto ocurría, el niño estaba bajo un *"paidagogos"*, un guía (Gá 3:25). Los hijos no son títeres o juguetes. No son "cosas" en absoluto, sino personas.

Esto nos conduce al otro asunto fundamental: ¿qué tipo de "padre" es Dios para la raza humana, y qué tipo de "Padre" es para sus hijos adoptados? Todos las discusiones teológicas se reducen a cómo los participantes realmente creen que es Dios ("teología" significa el estudio de Dios). El tema de UVSSS no es ninguna excepción.

Una perspectiva demasiado elevada de Dios

¡En un tiempo en que muchos tienen una perspectiva demasiado pequeña del Señor, y necesitan "magnificarlo", podría parecer irreverente, si no blasfemo, sugerir que la concepción que tuviera de él alguna persona pudiera ser demasiado elevada! No obstante, en su deseo legítimo de exaltarlo, algunos lo han hecho demasiado remoto, demasiado distante de los asuntos humanos como para ser influido por ellos o para interactuar con ellos. Se convierte en un Dios tan diferente de nosotros que se vuelve "inescrutable en todos sus caminos", más allá de la petición o el argumento humano, además de su comprensión.

Se lo considera como una amalgama de atributos abstractos y absolutos: omnipotente (puede hacerlo todo), omnipresente (está en todas partes) y omnisciente (lo sabe todo). En realidad, a la luz de la revelación bíblica, que no contiene ninguno de estos adjetivos, cada uno de ellos tiene que ser calificado.

Con relación a su omnipotencia, hay muchas cosas que él no puede hacer, a veces porque son lógicamente incoherentes (como dibujar un círculo cuadrado), pero generalmente porque son moralmente incompatibles con su carácter (como mentir). Una vez hice una lista de cosas que él no puede hacer de ninguna forma, y llegué rápidamente a treinta. ¡Me sentí humillado, y no orgulloso, cuando me di cuenta, consternado, de cuántas cosas yo podía hacer y había hecho que estaban más allá de lo que él podía hacer!

En cuanto a su omnipresencia, es más preciso decir que él puede estar dondequiera él escoja estar. No estuvo presente durante las últimas tres horas de su Hijo en la cruz (el grito de abandono no fue solo un sentimiento subjetivo, como lo indica el eclipse objetivo y prolongado de sol). Ni tampoco visitará Dios el infierno alguna vez, si bien es un lugar de su creación. Decir que "Dios está en todas partes" es tomar el camino resbaloso que conduce al panenteísmo (Dios está *en* todo) y finalmente al panteísmo (Dios *es* todo).

En cuanto a su omnisciencia, no queda para nada claro a partir de las escrituras que el Dios que sabe cuándo un gorrión "salta" (no "cae") a la tierra y cuántos cabellos hay en cada cabeza humana, que es un conocimiento del *presente*, tiene un conocimiento igualmente detallado del *futuro*. Él sabe lo que él piensa hacer, y conoce cada curso de acción posible que los humanos pueden tomar, pero ¿sabe exactamente cuál tomarán? Esto es discutible. Si fuera así, difícilmente estaría desilusionado, ya que eso implica una respuesta inesperada (ver Sof 3:7 y Mt 1:27). Hay algunos asuntos importantes en juego aquí.

Por una parte, si el futuro en su totalidad ya es conocido en cada detalle, aun para Dios solo, es virtualmente imposible pensar entonces que no esté predeterminado. El futuro ya no es abierto y flexible, con lugar para decisiones libres. Se ha vuelto cerrado y fijo (para una discusión muy útil pero que de un gran desafío mental de esta implicación, ver *Predestination and Freewill*[8], David and Randall Basinger, Eds., Inter Varsity Press, 1986).

Lo más serio es que esta línea de pensamiento coloca

---

8 En español, *Predestinación y libre albedrío.*

a Dios fuera y más allá del tiempo. Si bien los cristianos suponen a menudo que el tiempo y la eternidad son entidades completamente separadas, esto es una forma de pensar griega antes que hebrea. Para estos últimos, las palabras "eterno" e "interminable" son la misma cosa. El tiempo es un concepto lineal, que viaja en un sentido: desde el pasado, a través del presente hacia el futuro, e infinitamente hacia la eternidad. Además, Dios está dentro del tiempo o, más bien, el tiempo está dentro de Dios. Él es el Dios que fue, que es y que será (ver *Christ and Time*[9], por Oscar Cullman, Student Christian Movement, 1951, el estudio clásico sobre este tema).

Dios mismo no puede cambiar el pasado una vez que ha ocurrido (otro límite a su omnipotencia), pero puede alterar su efecto sobre el presente, y puede cambiar el futuro. Él está obrando sus propósitos eternos dentro del tiempo. La historia es *su* historia.

Pero, ¿está en control total o global de todo lo que ocurre dentro del tiempo histórico? Hay una enorme diferencia entre estas dos cosas, con una vasta diferencia en la forma de entender a Dios mismo.

Un Dios que está en control *total* hace decretos independientemente de todo factor o influencia externa. Luego hace que su creación y sus criaturas se conformen a estos decretos. En la esfera humana, esto equivale a imponer su voluntad sobre otros, forzándolos a hacer lo que él ha decidido que hagan, ya que tiene el poder soberano de hacerlo. El hecho de que algunos de sus decretos sean benévolos no altera el hecho de que esta "gracia" sea "irresistible". Es un verdadero déspota ("soberano que gobierna sin sujeción a ley alguna", diccionario de la Real Academia Española), manipulando a los seres humanos según sus propios planes, sin tomar en cuenta sus deseos. Él es la única persona en el universo que tiene libre voluntad. Con relación a los seres humanos, ¡es apenas mejor que un hipnotizador de masas!

Una religión basada en esta imagen de Dios exalta la

---

9 En español, *Cristo y el tiempo.*

sumisión y la resignación como virtudes primarias. El determinismo genera el fatalismo y la pasividad, y no el activismo ("hágase *tu* voluntad", antes que "*hágase* tu voluntad"). Observé esta actitud cuando viví en Arabia, pero me sorprendió encontrarla en una conferencia de ministros escoceses ("Dios enviará a la gente de nuevo a nuestras iglesias cuando él así lo disponga"). El calvinismo y el islamismo no están tan alejados entre sí, ¡al menos en esto!

La imagen de Dios en la Biblia es algo diferente. Mientras mantiene el control *global* de la historia, ha puesto límites voluntariamente a su propio ejercicio del poder al crear criaturas con libre voluntad relativa, aunque no absoluta. Ellas pueden escoger vivir o no en armonía con la voluntad de él. Tienen libertad para ser rebeldes obstinados, si escogen hacerlo, aunque él retiene el derecho de poner un límite de tiempo al daño que puedan hacer, además de decidir su destino eterno. En un sentido, él se ha sujetado temporalmente, a sí mismo y a su creación, a la voluntad de sus criaturas. Esto es una ofensa para quienes quieren adorar a un Dios que no se humillaría de esta forma.

¿Por qué lo ha hecho? Porque él es "amor", y porque él es "padre" (dos calificativos que no se encuentran entre los noventa y nueve nombres de Alá). Cuando se me pregunta por qué Dios creó la raza humana, sabiendo el riesgo que estaba asumiendo al otorgarle libertad de elección, yo contesto: "Él ya tenía un Hijo, y disfrutaba tanto de su compañía que quiso tener una familia más grande". Por eso el propósito más fundamental de nuestra existencia humana es "que todos lo busquen y, aunque a tientas, lo encuentren" (Hch 17:27), y el primer deber es "amar al Señor tu Dios con todo tu corazón, con todo tu ser y con toda tu mente" (Mt 22:37; Jesús estaba citando Dt 6:5).

Pero el amor tiene una característica: no puede ser forzado. Nadie puede ser obligado a amar a otra persona, si ha de venir del corazón. Es todavía más una cuestión de la voluntad, una decisión libre de dedicarse uno mismo al bienestar y a la felicidad de otra persona, a bendecirla con todo lo que esa persona desea. En mi lista de las cosas que Dios no puede hacer, la más conmovedora era: "él no puede forzar a nadie a amarlo". Todo aquel que ha pasado por la agonía del amor no correspondido ha tenido un atisbo del dolor de Dios al ver lo que sus hijos se han hecho unos a otros y al experimentar lo que le están haciendo a él.

Que el Todopoderoso Hacedor del cielo y de la tierra permitiera esto es aún más increíble, pero es la verdad. Nosotros, los seres humanos, hemos despreciado su amor, hemos desobedecido su voluntad, hemos quebrantado sus leyes, hemos ignorado su palabra, hemos rechazado a su Hijo, hemos provocado su ira y hemos merecido su juicio. Parecemos tener una inclinación infernal (!) a disfrutar la vida sin él, sin importar el costo para nosotros o las consecuencias para otros. ¡Y él no nos detiene! Él deja que ocurra, si bien debe estar rompiéndole el corazón. Pasan muchas cosas en este mundo que *no* son su voluntad, que él nunca "decretó" que ocurrieran.

Es cierto que ya ha asignado una fecha en su agenda para poner fin a esta trágica situación, después de la cual la libertad de escoger será quitada y las elecciones que han sido hechas llevarán a su fin apropiado. Entretanto, él ha hecho todo lo que podría haber hecho para salvarnos de nuestro destino, fuera de imponer su voluntad sobre nosotros. ¿Qué más podría haber hecho para ganar nuestros corazones y cambiar nuestras mentes, para que nuestras voluntades y la suya pudieran estar en armonía? Si terminamos viviendo sin él para siempre, que es la peor característica del infierno, no será la culpa de nadie más que nosotros. La opción era nuestra de responder a su gracia, no importa cómo nos haya llegado, o rechazarla.

Estamos pintando un cuadro muy "humano" de Dios. Pero, si estamos hechos a su imagen, no debería sorprendernos si se parece más a nosotros que a ninguna otra cosa en el universo. Además, "toda la plenitud de la divinidad" habitó en un ser humano (Col 2:9).

El concepto de una deidad inmutable e impasible debe más a la filosofía griega que a la experiencia hebrea. Yavé, el Dios de Israel, podía ser influido profundamente por los pedidos y los argumentos humanos. Podía ser persuadido a cambiar de idea por las oraciones de Moisés o de Amós (Ex 32:9-14; Am 7:4-6). Las escrituras no titubean en decir que se "arrepintió" del "mal" que pensaba hacer, si bien la connotación usual de estas palabras es de algo inmoral, y "desistir" del "daño" que intentaba hacer se prestaría a menos malentendidos. El hecho de que seres humanos lo persuadieron para que cambiara de idea queda intacto.

He aquí un Dios que busca una respuesta y que responde a esa respuesta. Sus decisiones son influidas por las reacciones de sus criaturas. Sus relaciones con los seres humanos no son estáticas, sino dinámicas. Él interactúa y coopera con ellos cuando es posible, y reacciona contra ellos cuando no es posible. Tal vez "contienda" con ellos, pero nunca los fuerza.

Hay pocas imágenes de esta relación que han sido tan mal entendidas y mal aplicadas como la del alfarero y el barro, citada tan a menudo en apoyo de esta predestinación unilateral del carácter y el destino humanos: "Somos simplemente barro en sus manos, para que él haga de nosotros lo que él decida, que escapa a nuestras manos".

La visita de Jeremías a la casa del alfarero cuenta una historia muy diferente. El alfarero tomó la iniciativa, con la esperanza de modelar una vasija hermosa. Pero el barro no respondió a sus manos, así que la volvió a trabajar convirtiéndola en una olla tosca. Este barro, dijo Dios al profeta, representaba a su pueblo, Judá. Él quería convertirlos en un pueblo hermoso, rebosante de su misericordia, pero ellos rechazaron esto, así que Dios tendría que convertirlos en una "vasija" de justicia que demostrara su juicio. Aun ahora, no es demasiado tarde para que cambien de idea. Si ellos se arrepienten, él se arrepentirá (Jer 18:8). Pero el tiempo se está acabando, y deben responder a esta oferta rápidamente. Poco tiempo después, a Jeremías se le dijo que rompiera un cántaro de barro endurecido y que arrojara los pedazos al valle de Tofet, donde la gente iba a ofrecer sacrificios a Baal (y luego conocido como el valle de Hinón, o Gehena).

Podemos discernir este mismo patrón en la historia del faraón, a quien se vincula también con la analogía del alfarero y el barro (en Ro 9:17-21). Este pasaje parece apoyar, a primera vista, una decisión completamente arbitraria del alfarero, sin considerar el carácter del barro. "Dios tiene misericordia de quien él quiere tenerla, y endurece a quien él quiere endurecer". Pero, ¿son sus decisiones puramente arbitrarias? ¿Es una lotería nuestro destino? ¿Se trata, desde nuestro punto de vista, de una cuestión de suerte o de azar si resultamos buenos o malos? ¿Cómo podríamos confiar en un Dios tan aleatorio y antojadizo en sus tratos providenciales como éste?

Volvamos al faraón. El relato indica que su corazón fue "endurecido" diez veces. Pero, de estas veces, los primeros siete endurecimientos son atribuidos a su propio rechazo voluntario a escuchar a Dios. Los últimos tres fueron obra de Dios.

Este es el patrón general en el trato de Dios a lo largo de las escrituras. Si escogemos ser santos, él nos acompaña todo el camino (ver capítulo 8). Si escogemos practicar el pecado, llega un punto en que nos ayuda a seguir nuestro camino, fijando y promoviendo nuestro curso escogido. Si no dejamos que haga de nosotros una vasija de misericordia, nos convertirá en una vasija de juicio. El barro puede decidir, pero el alfarero hará algo de él. Esta reacción que conduce a una acción diferente puede verse en el primer capítulo de Romanos, donde los hombres abandonan a Dios y, por lo tanto, Dios abandona a los hombres, a los deseos desagradables y obscenos de su naturaleza caída.

Siempre hay un punto sin retorno, más allá del cual nuestro carácter y destino quedan fijados de manera irrevocable, cuando el Señor dice: "Deja que el malo siga haciendo el mal y que el vil siga envileciéndose; deja que el justo siga practicando la justicia y que el santo siga santificándose" (Ap 22:11, en realidad pronunciado por un ángel de parte del Señor).

Que el Señor no tiene ningún placer en consignar a los que han escogido mal a su condenación se afirma frecuentemente en las escrituras (Ez 18:23, 32; 33:11). Que tiene un gran placer en aquellos que escogen bien, al punto de estallar en canto, se menciona con la misma frecuencia (Sof 3:17; cf. Lc 15:7, 10).

Todo esto califica y modifica a la vez la idea popular de la inalterabilidad de Dios; su "inmutabilidad", para usar el término teológico. Por supuesto que nunca cambia en su carácter. Fue, es y siempre será absolutamente santo, amoroso, justo y misericordioso. Así que uno puede contar con él y confiar en él completamente.

Sin embargo, puede arrepentirse (Gn 6:6 es el ejemplo clásico). Puede lamentar una acción y suavizar una intención (ver un libro del Hermano Andrés titulado *And God Changed His Mind*[10], Marshall Pickering, 1991). Sobre todo, la Biblia no duda en atribuir emociones a Dios. Está en la esencia misma de los sentimientos que cambien. Si nuestros sentimientos fueran siempre los mismos, ¡no tendríamos ninguno! Tampoco los tendría Dios.

Ya hemos mencionado cómo se complace en los que lo aman y lo sirven. Ellos también tienen la capacidad de agraviar a su Espíritu (Ef 4:30). Él puede estar triste y enojado. Puede sentir el dolor de los celos, si bien no de la envidia (esto último está dirigido a lo que pertenece a otros; el primero, a lo que corresponde por derecho a uno mismo).

Gran parte de nuestra experiencia emocional proviene de las actitudes y acciones de otros, en especial cuando es algo inesperadamente positivo o negativo. Así ocurre con el corazón de Dios. Él se conmueve por la obediencia voluntaria como una expresión del amor (Jn 15:10). ¿Qué debe haber sentido el Padre cuando su Hijo dijo: "pero no sea lo que yo quiero, sino lo que quieres tú"? Y ¿qué tiene que haber sentido al día siguiente cuando tuvo que dejar a su Hijo sufrir y morir

_____
10 En español, *Y Dios cambió de opinión.*

solo, para expresar su odio y espanto ante todos los pecados, vicios y crímenes que ahora estaba cargando él? Ese día le tiene que haber parecido como mil años (2P 3:8).

Si alguna vez se necesitó una prueba de que Dios escogió humillarse poniéndose a la merced de los hombres, la cruz la provee. Sin embargo, en el mismo tiempo y lugar quedó demostrada su capacidad de pasar por alto lo peor que pueden hacer los hombres en bien del propósito benévolo de él y el bien de ellos.

Pero nunca los forzará a ser recipientes de su gracia. El punto de vista Alfa de UVSSS cree que hará esto después que una persona haya creído en él. La versión Omega cree que lo hace tanto antes como después que uno ha creído. Pero él nunca hará que nadie acuda a él o permanezca con él si no escoge hacerlo.

No es esa clase de Dios. Él permite que resistamos su gracia. Él busca nuestra cooperación. Él quiere trabajar con nosotros. Hay un dicho que resume esto bastante bien: "Sin él, no podemos; sin nosotros, él no quiere".

Hemos sido llamados "colaboradores de Dios" (2Co 6:1), en nuestra propia salvación así como en el servicio a otros. "Lleven a cabo su salvación con temor y temblor, pues Dios es quien produce en ustedes tanto el querer como el hacer para que se cumpla su buena voluntad." (Fil 2:12-13).

Entonces, ¿cuál es nuestra parte en el proceso que conduce a la salvación completa y final? ¿Cómo podemos asegurarnos de que esa "herencia" será nuestra?

Nota: Desde que escribí este libro, me he enterado de un simposio útil que llegó a conclusiones similares (*The Openness of God*, Pinnock, Rice, Sanders, Hasker and Basinger, InterVarsity and Paternoster, 1994).

7. CONSECUENCIAS PRÁCTICAS

Ya es hora de que descendamos de las alturas enrarecidas de las polémicas teológicas y filosóficas a la tierra, donde debemos vivir la vida.

En este capítulo reuniremos todos los indicios que hemos encontrado hasta ahora y los expresaremos en términos de las consecuencias prácticas para la vida cotidiana, las instrucciones de "cómo se hace" que deberían incluirse en todo libro cristiano. Como siempre, ¡incluirán tanto "lo que debe hacerse" como "lo que no debe hacerse"! Comenzamos por lo segundo.

Entendemos como "herencia" la finalización de nuestra salvación, que nos lleva a un estado de santidad y a un lugar en el nuevo universo.

1. Perder nuestra herencia

Puedo imaginar que pocos creyentes *quieran* saber cómo hacer esto, pero hay muchos que *necesitan* saberlo, para que no tengan este destino. Así que, ¿cómo ocurre?

La primera palabra que viene a la mente es "apostasía" (definido en el Diccionario Espasa-Calpe como "abandono de las creencias en que uno ha sido educado"). Ciertamente esta es la causa fundamental, si bien puede ser expresada de muchas formas diferentes. Uno puede abandonar la fe de manera abierta o secreta, consciente o inconsciente, voluntaria o involuntaria.

La negación pública de Cristo bajo la presión de la persecución es la forma más obvia de apostasía. Esta es la situación enfrentada en muchos países del mundo y que corresponderá a todos los países antes que vuelva Cristo (Mt 24:9). Pero es probable que para algunos lectores ésta aparecerá como una circunstancia poco probable.

Otros consideran que el repudio de Cristo es algo comparativamente poco frecuente, si no remoto, que puede ser dejado de lado para todos los fines prácticos. A menudo consideran que esta es la *única* forma en que puede perderse la salvación, así que no hay mucha necesidad de pensar o hablar de esto. Pero hay otras posibilidades.

Está el "pecado imperdonable", que ha acosado a las conciencias sensibles con relación a muchos pecados diferentes, desde la masturbación hasta el asesinato; pero está definido claramente en las escrituras. Es el pecado de blasfemia contra el Espíritu Santo: decir que su actividad es la obra del diablo (de hecho, algo mucho más probable entre cristianos que entre incrédulos, especialmente al describir las actividades y las experiencias que son diferentes de las propias).

Hemos descubierto (en Hebreos 10) que *cualquier* pecado puede ser imperdonable si se lo continúa practicando de manera voluntaria y deliberada después de haber sido confesado y perdonado. Este tipo de conducta revela una falta de arrepentimiento verdadero, que incluye ponerle fin. En palabras de un niño, se trata de "lamentarlo lo suficiente como para dejar de hacerlo". Sin arrepentimiento, el perdón es imposible.

En la misma epístola encontramos también algunas advertencias acerca del "descuido" o de "perder el rumbo". Estos términos sugieren una negligencia de la que una persona tal vez no esté del todo consciente. Por esta razón éste podría ser el curso más peligroso de todos, al no percatarse de lo que está pasando. La creencia en UVSSS podría acelerar esta ignorancia.

Así que hay muchas formas de perder la herencia, pero detrás de cada una está la falta o pérdida de fe, lo cual significa volverse infiel además de incrédulo.

Tampoco hay en ningún lugar en las escrituras una garantía de que esto no podría pasarnos a ninguno de nosotros que llegamos a poner nuestra confianza en Cristo. A los que se apartan debe recordárseles urgentemente que hay un punto sin retorno, y solo Dios sabe dónde está.

Mantener nuestra herencia

Si la causa principal de perderla es el abandono de la fe, es una deducción simple que su continuación es la forma de mantenerla. La única cosa que se necesita es "seguir creyendo" (Jn 3:16; Ro 1:16-17). Pablo no descansaba en su conversión dramática: "lo que ahora vivo . . . lo vivo por la fe del Hijo de Dios" (Gá 2:20). Cuando finalmente estaba enfrentando la muerte, pudo decir: "me he mantenido en la fe" (2Ti 4:7).

Pero la fe es mucho más que una convicción interior. Es confianza *y también* obediencia. Ya hemos visto que "la fe por sí sola, si no tiene obras, está muerta" (Stg 2:17). Así que la fe continua involucra una actividad continua.

Tampoco será siempre fácil o simple. Hay una batalla a luchar, una carrera a correr. Involucrará esfuerzo (Heb 12:14) y lucha (Ef 6:12).

Sobre todo, el discipulado significa disciplina. Parte de esta disciplina será aplicada por Dios (Heb 12:7), pero una gran parte será autodisciplina: del cuerpo, a través del cual se expresan muchos pecados (1Co 9:27) y de la mente, en la que muchos pecados son concebidos (Mt 5:21-30; la cura está en Filipenses 4:8-9).

Necesitamos seguir avanzando. Ser un cristiano es ser un peregrino que camina o corre por "el Camino", siempre progresando, siempre mirando hacia adelante y avanzando. No sirve "pararse sobre las promesas", ¡y mucho menos sentarse sobre las premisas! Leí acerca de la muerte trágica de un espeleólogo que se perdió en la profundidad de una caverna y no fue encontrado hasta que era demasiado tarde. El veredicto en la investigación del médico forense dijo que "murió porque dejó de avanzar; si hubiera seguido avanzando todavía habría estado vivo cuando fue encontrado". Ese principio tiene una aplicación espiritual como física.

Implicará "preocuparse por los medios de gracia", para usar una expresión anticuada. La oración y el estudio de las escrituras son los principales "medios" privados de gracia. La adoración, la comunión y la Cena del Señor, los principales medios públicos.

Mantener cuentas cortas con Dios es esencial para mantenernos en un "estado de gracia". Hay una provisión completa para los creyentes que caen en pecado. Cuanto antes es confesado, más rápido es perdonado; la sangre de Cristo nos "sigue limpiando" de todo pecado (1Jn 1:7, 9).

En realidad, la mayoría de los libros de Nuevo Testamento fueron escritos para este único propósito: alentar a los discípulos a avanzar, mostrándoles como obtener la santidad además del perdón, completando así su salvación. Así que una respuesta integral a la pregunta de cómo mantener nuestra herencia sería: aprendan a poner en práctica la enseñanza de los apóstoles.

He mantenido este capítulo breve a propósito, ya que "cómo ser santo" no es nuestro tema, y requeriría un libro aparte. Simplemente hemos estado subrayando el hecho de que "sin la santidad nadie verá al Señor" (Heb 12:14). Pero hemos dicho lo suficiente como para indicar que lograrla requiere tiempo y esfuerzo. Es una tarea de toda una vida.

A esta altura, ¡muchos lectores pueden estar considerándola una tarea imposible! Parece tan fácil perder nuestra herencia y tan difícil mantenerla. Creo que ésa es la verdad del asunto, y todos tenemos que darnos cuenta de esto. Si ha llegado al punto de decir: "nunca lo lograré", es un descubrimiento necesario, ¡sin el cual nunca lo logrará! Humanamente, es imposible. Es bueno llegar al final de uno mismo. Pero, ¿adónde vamos a partir de este punto?

La forma en que reaccione ante esta comprensión es el factor realmente importante. Puede llevarlo a direcciones opuestas: desesperar de uno mismo o depender de Dios.

Quienes tratan de ser santos con sus propias fuerzas inevitablemente terminan en fracaso, como lo han descubierto todos los que realmente lo han intentado. La meta está tan distante de nosotros que la mayoría ni siquiera la intenta, y se dan por vencidos antes de comenzar. "Si eso es lo que significa ser santo, sé que nunca lo lograré". Sin duda es un llamamiento tremendamente alto. Si la santidad ocupara un lugar tan destacado en la predicación como el perdón, tal vez menos personas comenzarían el camino cristiano. Tal como están las cosas, muchos se dan por vencidos cuando descubren lo que involucra en realidad su compromiso.

Sí, este capítulo y, por cierto, todo este libro podría fácilmente llevar a la desesperación. Pero es una reacción egoísta, de autocompasión, y hasta de autodestrucción. Mi mayor temor al escribir este libro no han sido aquellos que no estén de acuerdo y tengan una reacción fuerte, ¡sino aquellos que estén de acuerdo y tengan la reacción errónea! Es muy fácil que quienes no están seguros de sí mismos se vuelvan inseguros de Dios, y crucen la frontera entre estar nerviosos y estar neuróticos ("mostrar una adherencia indebida a una concepto irreal de las cosas"). Nunca ha sido mi intención desalentar a los discípulos; si no, hubiera concluido el libro en este punto, que dejaría la responsabilidad en manos del lector.

Estoy suponiendo, de manera correcta o errónea, que los únicos lectores que se abrirán paso por este libro ya son discípulos de Jesús y, por lo tanto, están centrados en Dios en vez de estar centrados en sí mismos, por lo menos en su pensamiento, si no plenamente en su vida.

Si la desesperación es la reacción del que está centrado en sí mismo, la dependencia es la respuesta del que está centrado en Dios: "Para los hombres es imposible . . . pero no para Dios; de hecho, para Dios todo es posible" (Mr 10:27). Llegar al final de uno mismo permite comenzar con Dios. Así fue como usted comenzó a ser salvo, y así será como un día será completamente salvo.

Éste es el secreto de toda la vida cristiana: seguir creyendo en el Dios que puede hacerlo, depender de su gracia en vez de nuestra propia fuerza o capacidad. Él no solo nos está exigiendo la santidad, sino que nos la está ofreciendo.

Por supuesto que nunca podremos seguir avanzando por nuestra cuenta. Pero podemos ser "quienes el poder de Dios protege *mediante la fe*" (1P 1:5). Todos los recursos del cielo están a nuestra disposición, si nos valemos de ellos.

Lo que me resta es recordarle estos recursos.

8. CONSIDERACIONES SOBRENATURALES

Desesperar de la capacidad propia para perseverar es algo sano, si conduce a una dependencia constante de Dios.

Ya hemos visto que los calvinistas y los arminianos tienen mucho en común. Ambos creen que solo los que perseveran serán salvados finalmente. Ambos creen que solo es posible perseverar si dependemos de los recursos divinos.

La diferencia se hace aparente cuando consideramos cómo se hacen efectivos estos recursos en la práctica: si nos son impuestos a pesar de nuestra desobediencia o nos son impartidos gracias a nuestra disposición.

Decir que la última postura conduce a una actitud de que "todo depende de mí" es una caricatura. Sería más correcto decir: "Yo dependo para todo de él". No obstante, la perseverancia es una cuestión de cooperación, y no de compulsión. La gracia salvadora puede ser resistida, tanto antes como después de iniciado el proceso de salvación. Es apropiada y aplicada voluntariamente.

Sin embargo, en este capítulo queremos considerar los recursos maravillosos que están disponibles para permitir que el creyente "siga hasta el final del camino" (la canción que Sir Harry Lauder hizo famosa).

Uno de los títulos de Dios es muy pertinente. Él es nuestro "socorro" (Sal. 54:4; "quien me ayuda", Heb 13:6). La palabra sugiere claramente que él no asumirá toda la responsabilidad por nosotros —y, por lo tanto, de nosotros— sino que nos dará toda la asistencia posible para que cumplamos con lo que es nuestra responsabilidad. Vamos a considerar cinco aspectos de ese apoyo.

La voluntad del Padre

"La voluntad de Dios es que sean santificados" (1 Ts 4:3). Eso no significa su decreto predestinador que debe cumplirse inexorablemente (al igual que "él quiere que todos sean salvos", 1Ti 2:4). Ni debería ser visto simplemente como una exigencia puesta sobre nosotros. La "voluntad" ("quiere") representa un deseo profundo, un anhelo de que seamos como él, una determinación de hacer todo lo que está en su poder para continuar y completar la buena obra que ha comenzado en nosotros, dedicándose a esta tarea, siempre que tenga nuestra respuesta voluntaria a sus iniciativas.

Él jamás forzará su voluntad sobre nuestras voluntades en cuanto a la salvación. En todo momento nos trata como seres humanos responsables que someten libremente sus voluntades a la suya, siguiendo el precedente de su Hijo unigénito (Mr 14:36). ¿Cómo resulta esto en la práctica?

Por una parte, él permitirá que los creyentes pequen, si así lo escogen. Nunca ha prometido impedir que esto ocurra, pero lo ha hecho evitable.

Una de las promesas que él ha hecho es ejercer el control de las tentaciones que acosan a cada creyente individual. "No permitirá que ustedes sean tentados más allá de lo que puedan aguantar. Más bien, cuando llegue la tentación, él les dará también una salida a fin de que puedan resistir" (1Co 10:13). Esto significa que el tentador también está bajo su autoridad total (ver más abajo, "La debilidad del diablo"). Por eso el Padrenuestro diario contiene el pedido: "no nos dejes caer en tentación" (Mt 6:13). "Dios ha manifestado a toda la humanidad su gracia, la cual trae salvación y nos enseña a rechazar la impiedad y las pasiones mundanas. Así podremos vivir en este mundo con justicia, piedad y dominio propio" (Tit 2:11-12).

Este tipo de declaraciones nos dejan sin excusas. Si bien las escrituras reconocen que los cristianos pecan (1Jn 1:8), no hay nada inevitable en esto. No necesitamos pecar, pero lo hacemos cada vez que dependemos de nosotros en vez de depender de Dios. La santidad es una posibilidad además de una necesidad.

Lo más lejos que irá Dios para persuadirnos para que nos mantengamos "en el camino derecho y estrecho" es castigarnos cuando nos apartamos del camino. Como todo padre verdaderamente amoroso, él está dispuesto a provocar experiencias dolorosas si nos hacen reaccionar. Este tipo de disciplina enojosa es una evidencia de su cuidado y preocupación continuos (Heb 12:5-11). Pero no hay ninguna garantía de que aprenderemos nuestra lección. Los obstinados y los tercos pueden ser empujados a profundizar el curso que han escogido por su resentimiento ante este trato.

¿Qué más podría hacer él para salvarnos de nuestros pecados que no signifique convertirnos en títeres? Nos ama demasiado como para hacer eso. Él quiere que sus hijos maduren, tanto en sí mismos como en relación con él. Eso solo puede ocurrir dándoles responsabilidad, y no sacándosela.

La vida del Hijo

"Porque si, cuando éramos enemigos de Dios, fuimos reconciliados con él mediante la muerte de su Hijo, ¡con cuánta más razón, habiendo sido reconciliados, seremos salvados por su vida!" (Ro 5:10).

Un énfasis exagerado en la cruz (sí, es posible) tiende a usar la palabra "salvo" solo para la reconciliación lograda ahí, pero aquí Pablo usa la palabra "salvo" en tiempo futuro en vez de pasado, vinculándola con el Jesús resucitado antes que el Jesús crucificado. Es su vida, antes que su muerte, la que nos "salvará".

"Nosotros predicamos a Cristo crucificado" (1Co 1:23) ha sido citado a menudo para justificar un evangelio centrado en la cruz, pero el participio perfecto significa "habiendo sido crucificado", y pone el énfasis en el Cristo viviente (comparar "un Cordero que . . . parecía haber sido sacrificado", pero muy vivo ahora, Ap 5:6). El hecho simple es que la cruz sin la resurrección no podría siquiera quitar la culpa del pecado, y mucho menos su poder (1Co 15:17). Es mediante su vida que nuestra salvación es continuada en el presente y será completada en el futuro. Sin embargo, hay dos dimensiones en esta vida presente.

Por un lado, se vive en el cielo. Él es nuestro Señor ascendido además de resucitado. Por lo tanto, está en la mejor posición posible para ayudarnos, sentado a la diestra del Padre, representándonos ante el trono de gracia. Él es nuestro sumo sacerdote; no necesitamos a ningún otro. "Pero como Jesús permanece para siempre, su sacerdocio es imperecedero. Por eso también puede salvar por completo a los que por medio de él se acercan a Dios, ya que vive siempre para interceder por ellos" (Heb 7:24-25). Aun cuando nadie más ore por mí, él lo hará. Pedro se tiene que haber sorprendido y alegrado a la vez cuando supo con cuánta frecuencia Jesús había rogado al Padre por él: "Simón, Simón, mira que Satanás ha pedido [ha pedido permiso para] zarandearlos [aventarlos] a ustedes [los doce discípulos] como si fueran trigo. Pero yo he orado por ti [este único discípulo], para que no falle tu fe" (Lc 22:31-32). Podemos estar seguros de contar con este mismo apoyo espiritual.

Por supuesto que esto plantea la pregunta de si la oración, aun ofrecida por Jesús mismo, podría ser alguna vez una fuerza irresistible usada para pasar por alto las voluntades de otros (¿y significa esto que Jesús llamó a Judas Iscariote para que dejara todo y lo siguiera, pero ni una vez lo incluyó en sus oraciones?). Solo podemos decir que si Dios mismo rehúsa forzar su voluntad sobre otros, difícilmente permitiría que las oraciones, sea que estén ofrecidas directamente por su Hijo o por otros en su nombre, sean usadas de esa forma. Pero que la oración intercesora puede tener un gran efecto, aun en Dios mismo, no puede negarse. Él puede ser persuadido para cambiar de opinión y, por lo tanto, de acción, posponiendo o aun cancelando un juicio justificado (ya hemos mencionado los casos de Moisés y Amós). Que Dios puede ejercer su influencia en seres humanos para que cambien de opinión en

174

respuesta a oraciones es también perfectamente posible (Hch 16:14). Pero ni en el caso de él ni en el caso de ellos se está violando la integridad de la voluntad.

Volviendo a nuestro punto principal, Jesús puede interceder por nosotros porque está viviendo en el cielo. Y, como nosotros estamos "en Cristo", nuestra vida también está allí. "Su vida está escondida con Cristo en Dios" (Col 3:3). El cielo ya es nuestro domicilio particular. Ahí es donde nuestros corazones y nuestras mentes pueden y deben estar enfocados. El Cristo ascendido es la fuente de nuestra salvación final. "Cuando Cristo, que es la vida de ustedes, se manifieste, entonces también ustedes serán manifestados con él en gloria" (Col 3:4).

Por otra parte, la vida de él continúa siendo vivida en la tierra. Porque estamos en Cristo, nuestra vida ya está en el cielo. Porque Cristo está en nosotros, su vida aún está en la tierra. Pablo podía decir: "lo que ahora vivo en el cuerpo, lo vivo por la fe en el Hijo de Dios" (Gá 2:20).

Cristo puede ser nuestro sustituto en la vida así como en la muerte. Él tomó nuestra muerte sobre sí, para que pudiéramos tomar su vida en nosotros. Él toma nuestro pecado para que podamos tener su justicia.

Si bien hay un lugar para la *Imitación de Cristo* (el título de un libro de Tomás de Kempis, sin duda tomado de 1Co 11:1), esto dista mucho de ser todo el secreto de una vida cristiana exitosa. Tratar de ser como él sería poco menos que imposible (fue logrado en la ficción; ver la famosa novela de Robert Sheldon, *In His Steps[11]*, Zondervan, Grand Rapids, 1990). La verdadera respuesta es dejar que Jesús viva su vida en nosotros. Donde no podemos ser pacientes, que su paciencia fluya a través de nosotros. Donde no podemos siquiera gustar de una persona, dejar que él la ame a través de nosotros. Entonces otros lo verán a él en nosotros.

Ya estamos usurpando la obra del Espíritu, cuyo poder es nuestro tercer recurso sobrenatural.

---

11 En español, *En sus pasos.*

El poder del Espíritu

Dios no solo está a nuestro lado; él está adentro de nosotros, en la persona del Espíritu Santo. La nuestra es la única religión en el mundo que enseña que Dios mismo reside dentro de sus devotos (Jn 14:23).

El Espíritu Santo es un poder, además de una persona. Suyo fue el poder que trajo a la existencia el universo e hizo que fuera como es. Dios dirigió sus órdenes creativas al Espíritu mientras se movía sobre la superficie de nuestro planeta (Gn 1:2-3). Fue el poder del Espíritu el que llenó cada átomo y lanzó las estrellas a sus órbitas.

Suyo es el poder de la nueva creación además de la vieja. Su poder resucitó a Jesús de los muertos y también puede dar vida a nuestros cuerpos mortales (Ro 8:11).

Todo este poder asombroso está disponible para aquellos que han sido bautizados en el Espíritu Santo (Hch 1:5, 8; "bautizado" es sinónimo de llenado, ungido, sellado y, simplemente, "recibido" en el Nuevo Testamento).

Este poder significa el poder tanto de hacer como de ser lo que está completamente más allá de nuestra habilidad o capacidad natural. Sus dones (plural) y su fruto (singular) reproducen las acciones y los atributos de Jesús mismo en nosotros, quienes ahora constituimos su "cuerpo" en la tierra, mediante el cual él continúa su misión (Hch 1:1).

Una vez más, este poder no es irreprimible. El Espíritu puede ser resistido, insultado, entristecido. Sus dones pueden ser despreciados, abusados y pueden caer en desuso. Solo aquellos que andan en el Espíritu, permitiendo que los guíe, serán capaces de producir el fruto. Sin esa cosecha madura, el poder se vuelve divisivo y destructivo (como ocurrió en la iglesia de Corinto). Es aún más peligroso cuando está separado de la iglesia.

El amor de los hermanos

Andar en el Espíritu es también una actividad colectiva. Seguir el paso del Espíritu involucra seguir el paso de otros creyentes (Gá 5:25-6:5). Entonces, si uno resbala y se cae, los demás pueden levantarlo y restablecer la fila. Si uno está sobrecargado, otros pueden compartir la carga.

Esta "comunión" del Espíritu es uno de los mayores recursos del creyente. No somos llamados a hacer las cosas por nuestra cuenta. "Juntos" es una palabra clave en el libro de Hechos. "Ustedes" es un pronombre plural en las epístolas dirigido con frecuencia a un cuerpo colectivo.

Se vuelve mucho más difícil perseverar en la vida cristiana cuando estamos separados del amor de los hermanos, si bien recibimos una gracia especial cuando se trata de una circunstancia incontrolable (por ejemplo, cuando cristianos como Richard Wurmbrand estuvieron aislados en confinamiento solitario). La separación voluntaria de los otros creyentes suele ser una receta para el desastre. "No dejemos de congregarnos, como acostumbran hacerlo algunos, sino animémonos unos a otros, y con mayor razón ahora que vemos que aquel día se acerca" (Heb 10:25).

Un carbón encendido se enfría pronto cuando es quitado del fuego. Tal vez es un ejemplo más apropiado el hecho de quitar un miembro o un órgano de un cuerpo vivo. Muchos cristianos han caído de la gracia al intentar las cosas por su cuenta.

La verdadera iglesia, al ser una creación divina, es también uno de nuestros recursos sobrenaturales, un regalo de gracia para todo creyente que está en la lucha.

La debilidad del diablo

Satanás, el líder de aquella tercera parte de los ángeles que se rebelaron contra el gobierno de Dios y que se convirtieron en principados y poderes demoníacos, se ha propuesto mantener su control sobre nuestro mundo (Ap 12:4; Ef 6:12; 1Jn 5:19). Él es su gobernador, su príncipe y aun su "dios" (2Co 4:4).

Él intentará todo lo que esté a su alcance para impedir que alguien responda al evangelio y comience a ser salvado. Siembra duda en la mente, deseo en el corazón y desobediencia en la voluntad. No ignoramos sus artimañas.

Ni tampoco se da por vencido con los que son perdonados y reconciliados con Dios, y busca constantemente minar su confianza con recordatorios de fracasos del pasado. Asecha a los creyentes como un león rugiente que ronda "buscando a quién devorar" (1P 5:8). ¡Está claro que él no cree en UVSSS!

Es un adversario formidable, muy inteligente, sutil en la argumentación persuasiva, consciente de los motivos ulteriores, un experto en disfraces, y con agentes en todas partes de nuestro planeta. Aun el arcángel Miguel no "se atrevió a pronunciar contra él un juicio de maldición" (Jud 9), ¡en un marcado contraste con oraciones contemporáneas!

Pero hay dos calificaciones fundamentales de su autoridad, aparte de las obvias limitaciones de ser una "criatura" (por ejemplo, no puede estar en más de un lugar a la vez; Job 1:7; Lc 4:13).

Primero, está el hecho de que el diablo está bajo el control total de Dios. Debe solicitar el permiso divino antes que pueda tocar un ser humano (Job 1:12; 2:6). Claramente, este mundo no se habría convertido en su "reino" (Mt 12:26) si Dios no lo hubiera permitido. Hacer esto fue un acto de justicia: aquellos que rechazan a un buen rey deben tener uno malo. También fue un acto de misericordia: la experiencia de vivir bajo un rey malvado los haría volver a pensar en un rey bueno. Precisamente, porque la libertad de Satanás está restringida por la voluntad permisiva de Dios es que Dios puede prometer limitar nuestras tentaciones a aquellas que podemos vencer.

Segundo, está el hecho de que la influencia del diablo sobre toda la raza humana fue quebrada en el Calvario por el único ser humano al que no pudo inducir a pecar, aunque había usado todos recursos y argumentos posibles. Poco antes de morir, Jesús hizo dos afirmaciones: "el príncipe de este mundo va a ser expulsado" y "el príncipe de este mundo . . . no tiene ningún dominio sobre mí" (Juan 12:31; 14:30). Pablo vio la crucifixión como una derrota decisiva de las fuerzas demoníacas alistadas contra Jesús: "Desarmó a los poderes y a las potestades, y por medio de Cristo los humilló en público al exhibirlos en su desfile triunfal" (Col 2:15).

Así que la autoridad de Satanás siempre estuvo dominada por el Padre y ahora ha sido derrocada por el Hijo. Para los incrédulos él sigue siendo su rey, pero su gobierno sobre los creyentes ha sido quebrado. Ya no tiene más dominio sobre ellos. Sus intentos por recuperar su lealtad son simples bravatas que pueden ser expuestas si uno le hace frente. "Resistan al diablo, y él huirá de ustedes" (Stg 4:7).

Los seres humanos por sí solos no son rivales dignos para él. Es una locura total subestimarlo, y mucho más ridiculizarlo. Jesús demostró ser un rival más que digno para él. En Cristo, nosotros también podemos serlo. Pero esto requerirá una vigilancia constante. Jesús enseñó a sus discípulos que oraran diariamente por liberación "del maligno" (Mt 6:13).

Estos son nuestros recursos celestiales en Dios, puestos a nuestra disposición en Cristo. No hay necesidad ni excusa para que un creyente no persevere y pierda su herencia.

"Si Dios está de nuestra parte, ¿quién puede estar en contra nuestra?" (Ro 8:31). ¡Nadie más que nosotros!

EPÍLOGO

Charles Wesley escribió seis mil canciones durante el avivamiento del siglo dieciocho, y asignó a muchas de ellas las melodías populares del momento, aun tomando prestadas algunas de sus palabras ("Una bienvenida para el Almirante", cantada por las prostitutas de Bristol, se convirtió en "Una bienvenida para el alma perdonada", para quienes habían encontrado a Cristo). Algunos de sus himnos se han convertido en los más conocidos de todos los tiempos:

> ¿Y puede ser que yo ganara
> interés en la sangre del Salvador?

En su primer "cumpleaños" como creyente nacido de nuevo, su deseo fue:

> O por mil lenguas para celebrar
> La alabanza de mi amado Redentor.

(¡Su hermano John pensó que "amado" era demasiado familiar, y lo cambió a "gran"!). Y ¿qué sería la Navidad sin:

> Oíd un son en la alta esfera
> En los cielos gloria a Dios?

Hace unos años, cuando comencé a predicar, alguien me dijo: "Cuando predique acerca de verdades bíblicas, casi siempre podrá encontrar un himno apropiado de Charles Wesley mediante el cual la congregación podrá responder a su mensaje". Mi informante agregó una advertencia: "Si no lo puede hacer, debería cuestionarse lo que ha estado predicando". Si bien no es una guía infalible, he encontrado que es una buena regla general.

Su poesía está repleta de referencias y alusiones bíblicas.

UNA VEZ SALVO, ¿SIEMPRE SALVO?

¡En un verso de ocho líneas encontré dieciséis textos bíblicos! Dado que la mayoría de los que asisten a la iglesia aprenden su doctrina de lo que cantan, sus himnos son una forma excelente de plantar la verdad del evangelio en las mentes y los corazones. Están llenos de pensamientos y sentimientos inspiradores.

Así que concluyo este libro con uno de estos himnos. Estuvo en el himnario metodista hasta 1983, aunque no recuerdo haberlo oído cantar alguna vez. Estaba dirigido a conversos no tan recientes del avivamiento, y estaba clasificado bajo la categoría "Para creyentes atentos". Sugiero que los lectores que encuentran que están de acuerdo con la posición tomada en este libro usen esto versos de tiempo en tiempo en sus devociones privadas, diciéndolos en voz alta.

> Ah, Señor, con temblor confieso,
> De gracia un alma puede caer lejos;
> La sal perder puede su poder de sazonar,
> Para nunca volver a hallarlo jamás.
>
> Para que éste no sea mi fin,
> Cada momento teje mi alma a Ti;
> Y guíame al monte más sublime
> Por el bajo valle del amor humilde.

APÉNDICE I

Textos provocadores

Una de las críticas que podrían hacerse a mi libro (y que sin duda se hará) es que he ignorado todos los textos que pueden citarse en apoyo de UVSSS. Es un punto válido, que ahora intentaré rectificar.

El capítulo 3, en donde me ocupé de las escrituras pertinentes, ya iba a ser demasiado largo, así que limité deliberadamente la investigación a aquellas "indicaciones" bíblicas de que UVSSS era cuestionable, que es mi título y mi tesis.

Sin embargo, estoy plenamente consciente de aquellos versículos que son citados con frecuencia para defender UVSSS, y ahora haré algunos comentarios sobre ellos. Primero, debo hacer algunas observaciones generales acerca del uso de textos de prueba para establecer doctrina.

Es correcto y necesario tener declaraciones específicas de las escrituras para respaldar nuestras convicciones. Pero hay tres principios básicos que se necesitan para validar este procedimiento, en particular cuando se lo usa en polémicas.

Primero, el texto debe ser citado exactamente y completamente, y se le debe dar su significado original deseado.

Segundo, debe ser visto en su contexto (¡o se convierte en un pretexto!). Esto no significa solo los versículos justo antes y después, sino el párrafo, la sección completa, el libro y aun el Testamento donde aparece.

Tercero, debe ser interpretado de manera compatible con todo lo que dice la Biblia sobre ese tema, tanto en términos generales como en los datos específicos.

He intentado cumplir con estas obligaciones en mi análisis bíblico, ¡si bien estoy seguro de que los lectores críticos se darán cuenta de cualquier error! Lo que emergió fue un patrón consistente que recorría ambos Testamentos, además de la mayoría de los libros y la totalidad de los escritores del Nuevo Testamento.

Sin embargo, aún hay algunos versículos que a primera vista parecen enseñar exactamente lo opuesto a las conclusiones a las que arribamos aquí, y éstos deben ser tomados en cuenta. Los llamo los versículos "¿Y qué pasa con . . .?", ya que son introducidos en una discusión con estas palabras.

El hecho de que sean menos, por lo que veo, que los que hemos cubierto (más de ochenta) no es estrictamente relevante. La teología no es un juego de números que cuenta los textos "a favor" y "en contra" para ver cuáles son más. Podría ser pertinente cuando se apela al enfoque "general" de las escrituras.

Pero sí debemos insistir en la aplicación de los tres principios mencionados recién en todas las apelaciones a textos individuales.

Por ejemplo, en una discusión que tuve hace poco recibí el siguiente desafío: "¿Y qué pasa con el texto de Filipenses: "el que comenzó tan buena obra en ustedes la irá perfeccionando hasta el día de Cristo Jesús" (1:6)? Desafié al objetante a citar el versículo completo, pero no podía recordar que hubiera nada más. Lo estaba citando como si fuera una promesa divina hecha a todos los creyentes. Pero el versículo, que no es ni siquiera una frase completa, comienza así: "Estoy convencido de esto . . ." Era una observación humana más que un juramento divino. Y fue hecho acerca de los filipenses y no de todos los creyentes de todo tiempo y lugar; las palabras que vienen justo a continuación son: "Es justo que yo piense así de todos ustedes . . ." (1:7). Ante todo, se puede leer demasiado en la palabra "convencido" (que estaba en la parte del versículo que no fue citada porque no fue recordada). Esta es una palabra que significa "muy optimista", pero no significa "absolutamente seguro". Pablo usa exactamente la misma palabra (*pepoithos*) cuando habla de su juicio próximo y su resultado. Él considera que su absolución es muy probable, pero está preparado para la posibilidad improbable de la ejecución. Su "convencimiento" respecto de los filipenses es asombrosamente similar a "en cuanto a ustedes, queridos hermanos . . . estamos seguros de que les espera lo mejor" (Heb 6:9).

Otro ejemplo de esto es una apelación a "si somos infieles, él sigue siendo fiel" (2Ti 2:13). Tomadas por sí solas, estas dos líneas podría entenderse como que, no importa lo que hagamos, él no romperá la relación. Pero, nuevamente, no se está citando el texto completo. El resto de este versículo deja bien en claro que él seguirá siendo fiel a sí mismo más que a nosotros. Si bien nosotros podremos cambiar, él no lo hará, "ya que no puede negarse a sí mismo". Pero la línea justo anterior en este "mensaje digno de crédito" ("palabra fiel") es: "si lo negamos, también él nos negará" (2:12). Él responderá del mismo modo a algunas cosas, pero no a otras.

Otro favorito es: ". . . nuestro Salvador, que puede guardarlos para que no caigan, y establecerlos sin tacha y con gran alegría . . ." (Jud 24). Esta es una atribución de gloria a Dios antes que una promesa divina, como lo demuestra el resto de la frase: "¡Al único Dios . . . ante su gloriosa presencia, sea la gloria, la majestad, el dominio y la autoridad, por medio de Jesucristo nuestro Señor, antes de todos los siglos, ahora y para siempre! Amén" (Jud 25). La palabra clave es "puede". Esto se refiere a su capacidad de guardar, no a la certeza de ello: "que puede guardarlos" no debería ser leído como "que está obligado a guardarlos". Es significativo que solo unos versículos antes se les dice a los lectores: "manténganse en el amor de Dios". Hay dos lados en "mantener". ¡Dios puede mantenernos si nosotros nos mantenemos a su alcance!

Es sorprendente cuántos textos como éste tienen lo que podríamos llamar una "pareja complementaria" en el contexto que es calificada con una condición satisfecha. Saltan a la mente varios ejemplos. "Dios es el que nos mantiene firmes en Cristo, tanto a nosotros como a ustedes. Él nos ungió . . ." (2Co 1:21) podría entenderse como "sin ninguna colaboración de parte de nosotros", hasta que un versículo cercano nos recuerda: "pues por la fe se mantienen firmes" (2Co 1:24) La misma persona que dice: "estoy seguro de que tiene poder [note, no "obligado"] para guardar hasta aquel día lo que le he confiado" (2Ti 1:12) también puede decir: "me he mantenido en la fe" (2Ti 4:7).

Una condición calificadora en el contexto es también pertinente para uno de los versículos más conocidos en apoyo de UVSSS. El "buen pastor" dice de sus ovejas: "de la mano del Padre nadie las puede arrebatar" (Jn 10:29; el v. 28 dice "arrebatármelas de la mano"). Pero él acaba de definir a sus ovejas como aquellas que "oyen mi voz . . . y ellas me siguen". Ambos verbos están en el tiempo presente continuo, así que no pueden ser usados simplemente para alguien que una vez oyó y comenzó a seguir algún tiempo atrás. La afirmación solo se aplica a aquellos que todavía están oyendo y siguiendo ahora, y lo seguirán haciendo (una traducción moderna lo pone de manifiesto: "mis ovejas están acostumbradas a oír . . .", versión de Wuest). Es cierto que podría decirse que ninguno de los que han dejado de oír y de seguir ha sido alguna vez su oveja, pero no es lo que se dice aquí. Jesús estaba hablando a "judíos" (es decir, de Judea) que no estaban ni oyendo ni siguiendo, y que todavía estaban cuestionando su derecho al título mesiánico de "pastor" (Jn 10:24; cf. Ez 37:24). Lo que habría dicho de aquellos que oyeron y siguieron, pero solo por un tiempo, debe ser deducido de otras escrituras. Además, "arrebatar" "de la mano del Padre" sería la acción intentada por otra persona; difícilmente sea un verbo o una acción que pueda aplicarse a uno mismo (¿algún vez intentó usted "arrebatarse" a sí mismo?). Esto no es una nimiedad. La afirmación no comprende a aquellos que saltan o caen de la mano por su propia voluntad. No es un puño cerrado del cual no puede haber escapatoria alguna. Si este versículo se tomara como una declaración absoluta de seguridad eterna, entraría en conflicto con el contexto más amplio de todo el libro, cuyo énfasis está en "seguir" creyendo a fin de "seguir" teniendo vida. Y convertiría en un sinsentido la orden de Jesús de permanecer (quedar, seguir) en él como la vid verdadera o marchitarse, ser cortado y quemado (Jn 15:1-6). Así que el versículo debe ser entendido como una seguridad de que nadie *más* puede quitar de la mano del Padre a aquellos que continúan oyendo y siguiendo (un sinónimo de obedecer) a su Hijo.

Se aplican observaciones similares a otros textos favoritos: "Pues estoy convencido de que ni la muerte ni la vida, ni los ángeles ni los demonios, ni lo presente ni lo por venir, ni los poderes, ni lo alto ni lo profundo, ni cosa alguna en toda la creación, podrá apartarnos del amor que Dios nos ha manifestado en Cristo Jesús nuestro Señor" (Ro 8:38-39). La afirmación es a la vez general y categórica. ¿Qué más hay para decir? ¿Acaso este versículo no pone fin a toda discusión? Fue el versículo que se me gritó y luego se me cantó en Spring Harvest (ver la Introducción). Pero señalé una omisión notable de la lista: ¡nosotros mismos! Ya hemos notado en este apéndice la exhortación: "manténganse en el amor de Dios", un ruego obsoleto si no hay ninguna alternativa. El contexto es una situación en la que los discípulos están bajo presiones de "tribulación, angustia, persecución, hambre, indigencia, peligro o violencia" (Ro 8:35); pero ninguna de estas cosas los separará de Cristo ni los vencerá. Siempre serán "más que vencedores" (Ro 8:37). Esta es una afirmación asombrosa: ¿ningún cristiano sucumbirá? Todo está basado en la premisa: "si Dios está de nuestra parte, ¿quién puede estar en contra nuestra?" (Ro 8:31). Pero ¿y si nos alejamos de él y, por lo tanto, estamos contra nosotros? Debemos retroceder más en el capítulo para tener el cuadro completo. "Sabemos que Dios dispone todas las cosas para el bien de quienes lo aman [están amándolo, siguen amándolo]" (Ro 8:28). Así que hay condiciones. Aparecen más de estas condiciones aún antes. "Y si somos hijos, somos herederos; herederos de Dios y coherederos con Cristo, pues si ahora sufrimos con él, también tendremos parte con él en su gloria" (Ro 8:17; note el "si" de Pablo, y compare este versículo con Filipenses 3:10-11).

Todavía antes de esto, él ha advertido a sus lectores que vivir según la "carne" ("naturaleza pecaminosa", NVI) conduce a la muerte, pero si tratan despiadadamente los "malos hábitos del cuerpo" disfrutarán de la vida y la guía del Espíritu. Que Pablo vio una real posibilidad de que los creyentes dejaran que la carne gobernara sus vidas queda confirmado por el pasaje similar en otra carta (Gá 5). ¿Puede alguien imaginarse que los creyentes que vivieran de esta forma serían "más que vencedores" ante la presión? Las afirmaciones triunfales al final de este capítulo sin duda descansan en la suposición de que los creyentes están controlados por el Espíritu, que es vida y paz (Ro 8:6), están guiados por el Espíritu, disfrutando de la seguridad del Espíritu (que "sigue asegurando" que son hijos de Dios; Ro 8:16), orando en el Espíritu (que incluye "con gemidos que no pueden expresarse con palabras", Ro 8:26). Toda esta "vida en el Espíritu" es el trasfondo de las afirmaciones confiadas que alcanzan un clímax tan grande al final del capítulo. ¿Pueden ser aplicadas de igual forma a creyentes que viven en la carne, dejando que sus deseos pecaminosos saquen ventaja? ¿Pueden seguir estando confiados de que nadie ni nada los controlará? Hay otras escrituras (en particular las cartas a las siete iglesias de Asia, Ap 2-3) que sugieren que si se pierde la batalla interna el conflicto externo también terminará en derrota. Si no podemos vencer la tentación, difícilmente podamos vencer la persecución. Las ricas promesas de este capítulo suponen que "ustedes no viven según la naturaleza pecaminosa sino según el Espíritu, si es que el Espíritu de Dios vive [está viviendo, sigue viviendo, vive continuamente] en ustedes. Y si alguno no tiene [no está teniendo, no continúa teniendo] (el) Espíritu de Cristo, no es de Cristo" (Ro 8:9; el artículo definido falta por completo en el original griego, lo que enfatiza el poder antes que la persona del Espíritu Santo). Este capítulo está lleno de la palabra "si" (ocho veces en nueve versículos). Si se cumplen estas condiciones, entonces la consecuencia son las afirmaciones gloriosas. Si estas seguridades fueran incondicionales, es inconcebible que fueran seguidas, más adelante en la carta, por la advertencia inequívoca: ". . . pero si no te mantienes en su bondad [de Dios], tú también serás desgajado" (Ro 11:22).

Otros apelan a: ". . . él sufrirá pérdida. Será salvo, pero como quien pasa por el fuego" (1Co 3:15). Se supone que esto confirma que los creyentes mismos no pueden perderse cuando venga el juicio, aun cuando puedan perder otras bendiciones, especialmente recompensas o reconocimientos potenciales. De nuevo, es necesario citar todo el versículo, incluyendo la primera cláusula, "pero si su obra es consumida por las llamas". ¿Qué es lo que se puede quemar? Lo que un hombre ha "construido" durante su ministerio al cuerpo de Cristo, sea como "pionero" o en "mantenimiento" (retratado aquí como plantando o regando). En otras palabras, lo que está siendo juzgado aquí es el servicio de un creyente, y no sus pecados. Hay grandes variaciones en la calidad de los servicios. El fuego del juicio divino dejará a algunos intactos (como el oro, la plata y las piedras preciosas) pero hará desaparecer a otros (como la madera, el heno y la paja). Pero alguien que al menos haya intentado servir al Señor sobrevivirá, aun cuando no le quede nada para mostrar por su labor o que merezca una recompensa. Que esto es irrelevante respecto de los pecados de un creyente, pero no de su servicio, es aparente de inmediato a partir de los versículos que vienen a continuación: "¿No saben que ustedes son templo de Dios y que el Espíritu de Dios habita en ustedes? Si alguno destruye el templo de Dios, él mismo será destruido por Dios" (1Co 3:16-17). En este contexto, el pecado es dividir a la iglesia en grupos celosos y belicosos que "siguen" a diferentes siervos de Cristo antes que a Cristo mismo. En otra parte él aplica el mismo cargo a la inmoralidad sexual (1Co 6:18-19). Podríamos salir (apenas) aprobados con un servicio pobre, pero no con el pecado.

Finalmente, consideremos la descripción del Espíritu Santo como un "sello" y como una "garantía" ("arras", RVR60, "anticipo", DHH, Ef 1:13-14). Se considera que ambos incluyen una garantía de permanencia y, por tanto, de perseverancia. En cuanto al "sello", no significa por fuerza un elemento permanente. El sello de las profecías de Daniel era solo "hasta que llegue el momento final" (Dn 12:9). Lo mismo se aplica a los siete sellos en el programa de Dios para la cuenta regresiva de la historia (Ap 5:9; 6:1). El sello en la tumba de Jesús era solo por tres días (Mt 27:64); las mujeres esperaban que fuera roto cuando acudieron a ungir el cuerpo. El sello en la prisión del diablo será roto cuando pasen los mil años (Ap 20:3, 7). Todo lo que estoy diciendo es que un sello puede ser usado tanto de manera temporal como permanente; no tiene que ser permanente. En todo caso, esto es solo una metáfora para el Espíritu, así que la verdadera pregunta no es si un sello puede ser roto o no, sino si el don del Espíritu Santo puede ser quitado o no, lo cual no se pregunta ni se contesta en este contexto. Si bien los sellos eran usados sobre varias cosas (desde documentos hasta tumbas), también eran usados para diferentes propósitos. El que parecía estar en primer lugar en la mente de Pablo es como una marca de propiedad estampada sobre alguna posesión (él usa ambos conceptos: "marcados" y "adquirido"). El don del Espíritu para quienes "creyeron" era la confirmación de Dios de que ahora eran suyos, una prueba objetiva para que vieran otros que los había aceptado. Este versículo no justifica la inserción mental de "para siempre" después de "marcados".

"Garantía" (arras, anticipo) es la traducción de la palabra griega *arrabon*. Era originalmente un término financiero para el primer pago de una transacción comercial o de un negocio. Era usada con menor frecuencia para el otro lado del trato, la primera entrega de un pedido mayor. En ambos casos, su mensaje era: "Hay más de donde vino esto". En el griego moderno es usado para un anillo de compromiso. Da una clara nota de anticipación, esperando el resto, de lo cual el *arrabon* es simplemente una muestra, un anticipo. Pero —y es un "pero" grande— el "anticipo" no es una garantía de que el resto seguiría inexorablemente. Se perdía si la transacción no se completaba, si el resto de los artículos o del pago no aparecía. Aun los compromisos matrimoniales pueden no llegar al matrimonio. Por lo tanto, es ir más allá del texto considerar el "anticipo" como una "garantía" (como hace la versión NVI, "éste garantiza nuestra herencia", insertando la palabra "garantiza" que no aparece en el original). El "anticipo" del Espíritu podrá garantizar que hay un cielo por delante de nosotros, pero no garantiza que lo heredaremos; es una garantía objetiva acerca del cielo, pero no una garantía subjetiva acerca de nosotros (ni contra nosotros, independientemente de cómo resultemos). Hay un indicio de esto en el hecho de que la herencia no puede ser poseída "hasta que llegue la redención" (esto tiene que significar la salvación completa y final que incluye nuestros cuerpos; cf. Ro 8:23).

No he tratado con todos los textos posibles para UVSSS, sino una selección representativa de los que suelen citarse. Por lo menos sabrá que los conozco y los he estudiado, aunque no coincida con mi interpretación.

Tampoco soy optimista en cuanto a cambiar muchas opiniones acerca de ellos. Cuanto más tiempo un versículo ha sido entendido de una forma, más difícil es considerarlo de otra. Lo que sí espero haber logrado es la concesión de que hay otras interpretaciones posibles, que pueden sostenerse de manera válida y sincera. Aun aceptar que hay ambigüedad en algunos de ellos sería un comienzo.

Otros me acusarán sin reparos de explicar de otra forma lo que para ellos son afirmaciones que saltan a la vista. ¡Acordemos discrepar y discrepemos de buen acuerdo!

Mi argumento no descansa en tratar de refutar la interpretación tradicional de estos textos, que es la razón por la que son considerados como un apéndice. Está basado en el patrón consistente y predominante de textos y pasajes que apuntan en dirección contraria a UVSSS, y que para este estudiante de la Biblia es demasiado impresionante y convincente como para ser negado.

APÉNDICE II

Un apóstol apóstata

Es una coincidencia extraordinaria (¿o es más que eso?). Una de las doce tribus de Israel y uno de los doce apóstoles de la iglesia se perdieron para siempre. Los nombres de Dan y de Judas podrían haber estado grabados en una puerta y en un fundamento de la nueva Jerusalén, pero ambos serán reemplazados por otros. Este es un vínculo que da que pensar entre el Antiguo y el Nuevo Testamento.

La traición de Judas es tan notoria que tendemos a pasar por alto todo lo demás que hizo. Fue escogido cuidadosamente por Jesús, después de una noche de oración, para pertenecer al círculo íntimo de discípulos. Pasó tres años siguiendo a Jesús y aprendiendo de él. Fue enviado a misiones, donde fue compañero de otro Judas, hijo de Jacobo. Predicó las buenas nuevas del reino, sanó a los enfermos y echó fuera demonios. Era el "tesorero" de la banda apostólica, y cuidaba los regalos que recibían de seguidores solidarios.

Es interesante que era el único apóstol con trasfondo sureño (Iscariote significa "de Queriot"); el resto eran todos galileos, y varios eran parientes físicos de Jesús (por eso asistieron a la boda de Caná).

Sin embargo, había un defecto fatal en su carácter: la avaricia, centralizada en el amor al dinero. ¿Fue idea propia ofrecerse para ser el tesorero, o le delegó Jesús esta responsabilidad? No sabemos, pero sí sabemos que no resistió la tentación que le ofreció, y malversó el fondo común para su uso privado. Fue él quien puso objeciones cuando un perfume valioso, que podría haber generado fondos, fue "desperdiciado" en Jesús. Disfrazó su egoísmo sugiriendo que los ingresos podrían haber sido distribuidos entre los indigentes (Jn 12:5-6).

Los detalles de su traición son bien conocidos. Durante la

fiesta de la Pascua, cuando Jerusalén estaba atestada de miles de peregrinos, las autoridades no podían hacer un arresto público sin provocar disturbios, dado que Jesús era una figura tan popular, especialmente entre los galileos. Necesitaban saber dónde y cuándo estaría solo, para que pudieran hacer una captura secreta. Judas brindó la información por el precio de un esclavo.

Se ha puesto de moda blanquear su motivo, sugiriendo que era político antes que económico. Como estaba impaciente con lo que parecía ser una renuencia de Jesús a proclamarse rey, estaba tratando de forzar su mano precipitando una crisis. No hay ningún indicio de una conspiración personal de este tipo en el relato.

Lo que es mucho más probable es que se dio cuenta de que Jesús no tenía ninguna intención de dar un golpe de estado, especialmente después de la debacle de la entrada a la ciudad unos días antes —montado sobre un asno de paz en vez de venir sobre un caballo de guerra—, que culminó con el azote de los comerciantes judíos antes que los soldados romanos, una táctica falta de tacto que inevitablemente condujo a la preferencia del público por Barrabás, un luchador por la libertad que recurría a acciones terroristas.

Toda la situación estaba siendo manejada desastrosamente por Jesús, a los ojos de Judas al igual que la multitud. Lo que podría haber sido su momento de triunfo se estaba convirtiendo en un anticlímax horrible, con un Jesús abucheado y ridiculizado a diario en el templo. Era hora de emprender la retirada, con todo lo que pudiera ser salvado.

Jesús sabía lo que estaba pasando en la mente y en el corazón de Judas. Después de una apelación final en la Última Cena, Jesús lo urgió a continuar con el curso que había elegido. Salió a la noche oscura. ¿Se llevó con él la bolsa con el dinero? Su mente maquinadora ya había calculado que podía salir ganando si cambiaba de bando. Se volvió el peor traidor de la historia, sin soñar que se convertiría para siempre en un sinónimo de traición.

Que lamentó su acción cobarde casi de inmediato también forma parte del relato. Pero su remordimiento lo llevó a la desesperación antes que al arrepentimiento. Arrojando las monedas en la cara de sus nuevos amos, tomó una cuerda y trató de ahorcarse colgando de un árbol. Hasta en eso falló. Ya sea la cuerda o la rama se partió y cayó a su muerte en el valle de abajo, y su estómago se reventó con el impacto. Apropiadamente, era el valle de Hinón o Gehena, el basural de Jerusalén, siempre ardiendo y lleno de gusanos, que Jesús usaba como imagen del infierno. Era también el lugar donde eran arrojados los cuerpos de los criminales ejecutados (Jesús habría sufrido este destino si José de Arimatea no hubiera venido al rescate). Como señaló Pedro más tarde: ". . . Judas dejó para irse al lugar que le correspondía" (Hch 1:25).

Esta es la historia humana de esta figura trágica. Pero plantea muchas preguntas profundas. ¿Hubo un costado divino de la historia? ¿Estaba predestinado a cumplir su papel vital en llevar a Jesús a la cruz? ¿Acaso Jesús lo escogió a propósito por esta razón? El hecho que Jesús obviamente sabía que tenía un defecto fatal, muy temprano en su ministerio, parece apuntar en esta dirección (Jn 6:70: "uno de ustedes es un diablo"; *diabolos* normalmente significa "acusador falso"). Pero las escrituras no llegan a hacer una declaración abierta en este sentido. Sin embargo, hay un versículo revelador en cada uno de los tres Evangelios sinópticos (Mt 26:24; Mr 14:21; Lc 22:22): "A la verdad el Hijo del hombre se irá, tal como está escrito de él, pero ¡ay de aquel que lo traiciona! Más le valdría a ese hombre no haber nacido". Esto revela un carácter inevitable de la traición. Había sido predicho por los profetas y ciertamente sería cumplido. El *suceso* estaba destinado a suceder, pero ¿qué del *agente*? La terminología claramente sugiere que sería su libre elección, por la cual sería considerado plenamente responsable.

Es igualmente enigmático su estado espiritual. ¿Había nacido de nuevo? ¿Estaba "regenerado"? De nuevo, no hay ninguna afirmación clara a la cual podamos apelar, lo que sugiere que la pregunta no es importante, y tal vez no corresponde. Sin embargo, parece haber cumplido con las condiciones para ser "nacido de Dios" durante el período entre el bautismo y la muerte de Jesús (Jn 1:12-13; note los tiempos pasados, lo que hace que sea inapropiado usarlo para consejería, cuando Jesús ya no está "en el mundo" o entre "los suyos", 1:10-11). No sería fácil clasificarlo entre los que dicen: "Señor, Señor," aun profetizando, echando fuera demonios y realizando milagros (Mt 7:21-22), ya que es difícil imaginar a Jesús diciendo a Judas: "Jamás te conocí", ¡cuando de hecho él lo había escogido!

Es la única persona en el Nuevo Testamento a quien se le atribuyen cada uno de los tres ministerios de apóstol, anciano y diácono. Pedro, mientras supervisaba la elección de un reemplazante de Judas (Hch 1:15-26, ¡usando el azar!), usa tres palabras para describir su "cargo": *apostolos, episcopos* y *diakonos*, ¡un precedente poco alentador para la combinación de estas funciones en una persona!

Hay una frase de la oración sumo sacerdotal del Señor (Jn 17) que ha causado una discusión considerable. Después de admitir libremente que había "perdido" a uno de los que el Padre le había dado (lo cual significa que Jesús escogió a Judas porque Dios lo había escogido), lo llama "aquel que nació para perderse" ("el hijo de perdición", RVR60, 17:12). Esto puede ser interpretado que significa que siempre había tenido esta naturaleza (así como llamó a Santiago y Juan *boanerges*, "hijos del trueno", refiriéndose a su temperamento antes que a su genealogía), o que éste era el carácter que había asumido ahora, o que era su destino futuro. Por lo tanto, a la frase "hijo de" se le puede dar una referencia pasada, presente o futura. Los comentaristas tienden a dejar que la preferencia (¡o el prejuicio!) teológico dicte su elección, pero es un caso de que una posición es tan válida como la otra.

Es más seguro atenerse a la revelación antes que involucrarse en la especulación. El rasgo llamativo del relato es el énfasis en Judas en los cuatro Evangelios y en el libro de Hechos. Obviamente ocupaba una posición importante en la memoria de sus colegas, y su papel crucial en la ejecución de su líder ayudaría a explicar el espacio otorgado en sus relatos. Pero tiene que haber mucho más involucrado.

Volviendo al aposento alto, y la última comida de los discípulos con Jesús (y con Judas), encontramos la razón por la que su acción dejó tal impresión en ellos. Cuando Jesús los horrorizó al anunciar que había un traidor en medio de ellos, su reacción inmediata fue preguntar: "¿Acaso seré yo, Señor?". El hecho que no pensaran inmediatamente en Judas Iscariote muestra que, a diferencia de Jesús, no estaban muy conscientes de la debilidad interior y deslealtad potencial de este discípulo. En realidad, cada uno se dio cuenta de que podría ser cualquiera de ellos. Sabían que eran capaces de hacerlo. Su pregunta revela una ansiedad que compartían todos. Estaban buscando seguridad. Quedó para Juan conocer de labios de Jesús la identidad del traidor, pero ni él ni los demás trataron de detener a Judas cuando dejó el grupo. Tal vez aún estaban en un estado de conmoción, o no se daban cuenta de lo que estaba por ocurrir. ¡Probablemente se sentían tan aliviados porque no era ninguno de ellos que estaban contentos de verlo marcharse!

Si recordamos que las escrituras fueron escritas para hacernos "sabios para la salvación", no es fantasioso suponer que la prominencia dada a esta tragedia tiene el propósito de ser una lección para todos los seguidores de Jesús. Uno puede estar tan asociado a Cristo como él, tan involucrado en el ministerio como él, y aun así no ser fiel.

Las constantes referencias del Nuevo Testamento a los peligros del dinero, la avaricia por él y el amor por él, indican una tentación común. Arruinó a uno de los doce apóstoles y puede arruinar a cualquier discípulo. Le corresponde a todo creyente recordar la pregunta: "¿Acaso seré yo, Señor?".

Acerca de David Pawson

Reconocido como uno de los más excelentes expositores internacionales de la Biblia del mundo moderno, David es un conferencista y autor con una fidelidad sin concesiones a las Sagradas Escrituras. Aporta claridad y un mensaje de urgencia a los cristianos, invitándolos a descubrir los tesoros ocultos en la Palabra de Dios.

Millones de copias de sus enseñanzas han sido distribuidas en más de 120 países. Su obra más conocida, Unlocking the Bible (Abramos la Biblia), es un éxito de librería mundial en formato impreso, de audio y de video. Es considerado como el "predicador occidental más influyente en China" gracias a la transmisión de sus enseñanzas a cada provincia de ese país a través de Good TV.

Hay incontables creyentes en todo el mundo que se han beneficiado de su generosa decisión de poner a disposición sin cargo su amplia biblioteca de enseñanza en audio/video en www.davidpawson.org

Nacido en Inglaterra en 1930, el destino de David era ser un agricultor luego de completar una licenciatura en Agronomía en Durham University, pero Dios intervino y lo llamó al pastorado. Completó una maestría en Teología en Cambridge University y sirvió como capellán en la Real Fuerza Aérea británica 3 años.

Durante este período decidió predicar la Biblia de manera sistemática, del principio al final. El resultado entre los soldados fue una sorpresa, tanto para él como para ellos, tomándolo como una confirmación de la inspiración de las escrituras. Desde entonces, su predicación ha sido mediante estudios bíblicos o estudio temáticos basados en un análisis detallado y contextualizado de lo que dice la Biblia.

David pasó luego a pastorear varias iglesias, incluyendo el Millmead Centre, en Guildford, que se convirtió en un modelo para muchos líderes de iglesia del Reino Unido. Ha establecido una reputación, tanto entre evangélicos como carismáticos, como un expositor de la Biblia.

En 1979 el Señor lo llevó a un ministerio internacional. Su actual ministerio itinerante es principalmente para líderes de iglesia. Es un conferencista habitual en el Reino Unido y en muchas partes del mundo, incluyendo Europa, Australia, Nueva Zelanda, Sudáfrica, Países Bajos, Israel, el sudeste asiático y Estados Unidos.

David Pawson vive con su esposa Enid en el pueblo de Basingstoke, en Hampshire, Inglaterra.

Libros de David Pawson disponibles de www.davidpawsonbooks.com

A Commentary on the Gospel of Mark

A Commentary on the Gospel of John

A Commentary on Acts

A Commentary on Romans

A Commentary on Galatians

A Commentary on 1 & 2 Thessalonians

A Commentary on Hebrews

A Commentary on James

A Commentary on The Letters of John

A Commentary on Jude

A Commentary on the Book of Revelation

By God, I Will (The Biblical Covenants)

Angels

Christianity Explained

Come with me through Isaiah

Defending Christian Zionism

Explaining the Resurrection

Explaining the Second Coming

Explaining Water Baptism

Is John 3:16 the Gospel?

Israel in the New Testament

Jesus Baptises in One Holy Spirit

Jesus: The Seven Wonders of HIStory

Kingdoms in Conflict

Leadership is Male

Living in Hope

Not as Bad as the Truth (autobiography)

Once Saved, Always Saved?

Practising the Principles of Prayer

Remarriage is Adultery Unless....

Simon Peter – The Reed and the Rock

The Challenge of Islam to Christians

The Character of God

The God and the Gospel of Righteousness

The Lord's Prayer

The Maker's Instructions (Ten Commandments)

The Normal Christian Birth

The Road to Hell

Unlocking the Bible

What the Bible says about the Holy Spirit

When Jesus Returns

Where has the Body been for 2000 years?

Where is Jesus Now?

Why Does God Allow Natural Disasters?

Word and Spirit Together

Unlocking the Bible

Está también disponible en formato de DVD de www.davidpawson.com

En español:

Abramos la Biblia: El Antiguo Testamento

Abramos la Biblia: El Nuevo Testamento

El nacimiento cristiano normal

Cuando vuelva Jesús

Una vez salvo, ¿siempre salvo?

Jesús: Las siete maravillas de su historia

Made in the USA
Coppell, TX
15 December 2021

68856089R10115